LARGE PRINT
WORD SEARCH

W R N I L O I V F V H
E L W O I I H O V I A
D D L V O A B S R D D
M U A E E S P M B D T
O W L O B Y S B Q M M
F L S C Y W B A N J C
C L R A I L O N B Q F
K B M R H M F C L W C
E Y V I P Y E L Z R A
B P K N Y M H R U A N
Q P M A I T U B A T

CIDER MILL
PRESS

BOOK
PUBLISHERS

13-Digit ISBN: 978-1-40034-078-1
10-Digit ISBN: 1-40034-078-0

This book may be ordered by mail from the publisher. Please include $5.99 for postage and handling. Please support your local bookseller first!

Books published by Cider Mill Press Book Publishers are available at special discounts for bulk purchases in the United States by corporations, institutions, and other organizations. For more information, please contact the publisher.

Cider Mill Press Book Publishers
"Where good books are ready for press"
501 Nelson Place
Nashville, Tennessee 37214

cidermillpress.com

Typography: Poppins

Printed in Malaysia
23 24 25 26 27 THB 5 4 3 2 1

First Edition

TABLE OF CONTENTS

TABLE OF CONTENTS

TABLE OF CONTENTS

BREADS

```
X G M V A P M A T Z O H
Y K U Q C O T R K W Y C
I B D Y J T C L Z Y T W
X B A N A H A L L A H C
L U P B T S A O B N U A
T N A S S I O R C N V F
M I P U X S I P A N E P
C E Y R F O C A C C I A
L F H W C U N B I T O R
F G L H X R X P A Y V F
R P E L Y D W T Q G X F
Y L I Q B O A T W K E J
C V T E V U X C T P D L
U H T B A G U E T T E G
J V I J B H K G Q Z C H
```

BAGEL	CIABATTA	PAPADUM
BAGUETTE	CROISSANT	PITA
BRIOCHE	FOCACCIA	ROLL
BUN	MATZOH	ROTI
CHALLAH	NAAN	SOURDOUGH

GREEK GODS

```
P C H H W C S A N R T N
L C Y F R Z O Y R A Z O
P O P O G F R O R E P D
Q P N H A R E T U Z S I
I U O S E H A S X G L E
S C S A R R O P M P M S
O R R C U I M Y F Y O O
D L B S L J F E Y E R P
I O L E N E Q E S X P K
O J H O T Y P H O N H L
N H N R P I T A S S E H
Y F G L T A G V D Z U N
S K O A M C O W Y R S W
U I E H E R A C L E S P
S E A W J R R E W O N B
```

APOLLO	HELIOS	PAN
ARES	HERACLES	POSEIDON
CRONUS	HERMES	TARTARUS
DIONYSUS	HYPNOS	TYPHON
EROS	MORPHEUS	ZEUS

```
I  W  R  N  I  L  O  I  V  F  V  H
H  E  L  W  O  I  I  H  O  V  I  A
F  D  D  L  V  O  A  B  S  R  D  D
B  M  U  A  E  E  S  P  M  B  D  T
I  O  W  L  O  B  Y  S  B  Q  M  M
O  F  L  S  C  Y  W  B  A  N  J  O
A  C  L  R  A  I  L  O  N  B  Q  R
T  K  B  M  R  H  M  F  C  L  W  G
B  E  Y  V  I  P  Y  E  L  Z  R  A
I  B  P  K  N  Y  M  H  R  U  A  N
I  Q  P  M  A  I  T  U  B  A  T  D
Z  Q  Q  I  U  T  J  A  H  M  I  E
Q  J  C  L  A  R  I  N  E  T  U  E
P  R  A  H  C  N  T  E  D  R  G  Z
A  P  G  I  D  R  O  E  M  U  R  D
```

BANJO	DULCIMER	ORGAN
BASSOON	FLUTE	PIANO
CLARINET	GUITAR	TRUMPET
COWBELL	HARP	TUBA
DRUM	OCARINA	VIOLIN

SOLUTION ON PAGE 256

SHADES OF PURPLE

```
G K V H E A T H E R M N
D R R L B M U K M R S O
O A M V W E B B M Y U K
A R A U M T E R A L C A
I R G A P H Q V E C U P
N C E Y V Y E N D B E E
D A N D L S F D E Z S L
I X T O N T G R A P E K
G M A U Z E G U W F M N
O M A J W I V M L D C I
H V J H N O N A I M I W
L G J E P R B U L J P I
R P E L B M G V A V J R
Y Q U L M V O E C E I E
G M Q O V I O L E T X P
```

AMETHYST	INDIGO	MAUVE
AUBERGINE	JAM	PERIWINKLE
CLARET	LAVENDER	PLUM
GRAPE	LILAC	PUCE
HEATHER	MAGENTA	VIOLET

WIMBLEDON WOMEN'S SINGLES CHAMPIONS

```
M T G L N W B U O P G S
Q J R T O A A Q Q Y V M
K I E X V M W W S U J A
T G B M O D S H A A T I
I R R T T I A E Z D L L
O Q E Z N R X U R O E L
C P K V A R R G T U N I
D X E P E U H R R Y A W
R K O L G Y A N W A I M
I V V U A B T Q P S F A
A I M I V H S R I I F C
H X C Z T Z W G A G K O
A E H U M O N I H B F U
D L T L S I V D M L D R
Y X R N H M K A S O P T
```

BARTOLI	HALEP	MUGURUZA
BARTY	HINGIS	NOVOTNA
COURT	KERBER	SHARAPOVA
EVERT	KVITOVA	WADE
GRAF	MAURESMO	WILLIAMS

```
W W S Q S E B P P E K E
D A L D X E F A P C K G
J S V N P S R U B P B C
Y V S I U E P I F E A Z
M T U J B U Z I P N I V
M E N O M Z O X D M K N
U V T P D U M Y R E A X
M C K Q Y H B G R I R V
O I D H C T I W Z Q S D
N I E T S N E K N A R F
S C A R E C R O W U Q H
T K I O H B M L S N J D
E G U O D E T N U A H K
R K E L D W E S X A N P
F W C F L O W E R E W H
```

CANDY	MUMMY	SPIDER
DEMON	OCTOBER	VAMPIRE
FRANKENSTEIN	PUMPKIN	WEREWOLF
HAUNTED	SCARECROW	WITCH
MONSTER	SKULL	ZOMBIE

SOLUTION ON PAGE 257

NYC LANDMARKS

```
S R J N N N G Q V T M G
T T S O B M U D N E T F
A Y X R K W G E R E R L
T D Y I R F G R H R I T
U G N T A R E Z V T B I
E D Q A P N N P T S E M
O N C L L T H L P L C E
F O W F A S E Q W L A S
L V Z O R I I M X A J S
I A Y X T S M S E W P Q
B F K A N A G E I H U U
E K L O E O N C E L T A
R Y V L C Z R I U W L R
T L Q F W A T B H Y Y E
Y A W D A O R B T C P Z
```

BROADWAY	ELLIS ISLAND	THE MET
BRONX ZOO	FLATIRON	THE UN
CENTRAL PARK	GUGGENHEIM	TIMES SQUARE
CHINATOWN	LITTLE ITALY	TRIBECA
DUMBO	STATUE OF LIBERTY	WALL STREET

SOLUTION ON PAGE 257

"HELLO"

```
F U S I H Y M I V D K B
X W C I Z E C H Z J O J
C T W L R Q M I S N N F
H Z S H G V E O J M N P
A O A H I N G O L W I R
F B W A D A U X M A C A
A C U O V R T O L G H D
V A B C Q Z E N Y O I S
L R O B Y Q N F L N W N
Y O N V Z H T A C I A O
J C A V K P A Q B M J F
W U U A R L G B A H Q M
X R M A A L A S A S S D
P K E S N P T V L R N L
I T C Z F E A B C J I Z
```

ALOHA	GUTEN TAG	NAMASTE
ANYOUNG	HABARI	NI HAO
BONJOUR	HOLA	SALAAM
CIAO	KONNICHIWA	SAWUBONA
DZIEN DOBRY	MERHABA	SHALOM

```
F  C  N  T  K  Z  Y  V  L  D  U  S
F  E  R  R  I  S  W  H  E  E  L  U
R  I  N  E  V  U  O  S  S  R  C  E
L  N  B  N  L  U  T  S  W  O  A  L
H  R  Q  U  N  B  A  H  T  L  R  S
Q  Y  I  J  M  P  M  T  F  L  C  C
N  W  T  H  T  P  O  A  O  E  A  F
D  C  C  S  W  N  E  G  R  R  D  U
G  K  A  U  C  A  R  R  O  C  E  N
Y  F  R  A  E  I  T  U  C  O  S  H
C  G  N  H  D  E  S  L  D  A  D  O
F  D  I  E  I  E  P  O  I  S  R  U
Y  T  V  L  L  U  S  B  R  T  Z  S
O  C  A  R  S  P  U  C  A  E  T  E
P  U  L  Z  G  A  J  Z  P  R  G  H
```

ARCADE	FAST PASS	SCRAMBLER
BUMPER CARS	FERRIS WHEEL	SLIDE
CARNIVAL	FUN HOUSE	SOUVENIR
CAROUSEL	LOG RIDE	TEACUPS
COTTON CANDY	ROLLER COASTER	TILT-A-WHIRL

SOLUTION ON PAGE 258

```
C E C A R G N I Z A M A
R Y A E O O L E M H S R
I E R T L G V F S E K D
H R X E E V E I N Z N P
W E R P H H F R V T K S
H E V O C T U F J R I J
S U C P A O O D M M U D
X Q O C B D E R P V L S
J T V S E L R L B R F F
S E O G L V E U O G V Q
V E I P D L X W L M I H
X N C T I X L I P E Z B
N M E F H A C B E J S F
K O E J E J F B E C V I
A M E R I C A N I D O L
```

AMAZING RACE   MOLE   SIMPLE LIFE

AMERICAN IDOL   OSBOURNES   SURVIVOR

BACHELOR   QUEER EYE   TEEN MOM

BIG BROTHER   REAL WORLD   TOP CHEF

CATFISH   ROAD RULES   VOICE

COWBOYS

```
U  R  W  H  F  N  J  W  H  V  N  Y
Q  Z  V  G  S  J  L  V  C  E  N  K
Z  E  C  R  R  V  C  H  A  P  S  Q
T  O  L  S  N  A  E  J  E  U  L  B
K  V  Y  D  T  V  B  R  Z  R  L  N
P  P  D  T  D  W  U  P  Q  R  X  A
I  R  L  E  C  A  M  P  F  I  R  E
H  E  S  R  U  P  S  J  M  T  O  K
W  L  J  X  U  B  T  M  Q  S  D  G
L  G  M  U  S  T  A  N  G  V  E  B
L  N  B  I  T  E  M  N  X  I  O  K
U  A  B  Q  X  E  P  I  D  O  M  Y
B  R  O  N  C  O  E  J  T  A  F  H
B  W  D  M  E  S  D  S  W  C  N  X
L  W  E  X  I  G  E  U  U  Y  P  A
```

BANDANA	CAMPFIRE	SADDLE
BLUE JEANS	CATTLE	SPURS
BOOTS	CHAPS	STAMPEDE
BRONCO	MUSTANG	STIRRUP
BULLWHIP	RODEO	WRANGLER

SOLUTION ON PAGE 258

HARRY POTTER

```
T K P D M N K V L R O O
W U R V O L D E M O R T
A J D I R G A H H W B K
N H T X D K N P X L N P
D O E H M O C J F I N E
P G R A C S O F Y N C T
U W O O A T A L B G E J
Q A D Y T Z I A B N M K
C R E H K N J D O D R R
X T L A H Z E I D A U D
U S B R V N M M T I E M
Q A M T F R U C E D U C
N V U F E K M T K D Y Q
F K D H R B M T K A Y Q
S A F O U K C E V Z U V
```

AZKABAN	HERMIONE	RON
DEMENTOR	HOGWARTS	ROWLING
DOBBY	MUDBLOOD	SCAR
DUMBLEDORE	POTION	VOLDEMORT
HAGRID	QUIDDITCH	WAND

SOLUTION ON PAGE 258

```
F P N H C T A P L U O S
Y R G O A T E E K T P
O A E C R N F H E U E O
B B N N C V E R B A H H
X E J I C K E B C O C C
A L L X Y H L H R C H N
L D S D O E F S C I D O
F N N P R U E O N S W T
S A R O Z S S S R D F T
V H U Z H R T U X K O U
Z G B O S R U H R E T M
H D E B A N D H O L Z G
J W D P O G C Z B V A T
M H I V Q Y E N H M O W
K M S U B F M U J Z Y S
```

BANDHOLZ	HANDLEBAR	SIDEBURNS
CHEVRON	HORSESHOE	SOUL PATCH
CHIN STRAP	MUTTON CHOPS	STUBBLE
FRENCH FORK	PEACH FUZZ	VAN DYKE
GOATEE	PENCIL	WALRUS

SOLUTION ON PAGE 259

BOARD GAMES

```
B X T C Y F F L T F D I
C A N D Y L A N D E W Y
H P T Y S G H Z K O F D
E B F T S A C H E S S U
C A E W L M Q S Y X I Y
K C O N N E C T F O U R
E K Z W U O S G N P T A
R G S L O F X H O W Z N
S A C W V L Q L I G Z O
O M R Y R I R S T P Z I
F M A N Z F T H A L G T
E O B O G E T A R T S C
V N B G R N O M E P B I
D V L B T C E E P P O P
C C E E Y L O P O N O M
```

MALE STAND-UP COMEDIANS

```
E  S  E  L  Z  K  I  N  I  S  O  N
U  I  O  F  A  R  E  L  D  N  A  S
P  K  J  X  S  C  J  F  C  G  C  I
I  A  S  M  A  I  L  L  I  W  V  A
B  N  F  R  A  C  H  F  X  A  I  V
W  A  L  U  L  H  F  O  X  K  K  R
B  I  M  U  L  A  N  E  Y  H  O  E
N  F  J  M  G  P  T  Z  O  Y  P  G
W  I  U  N  S  P  Z  S  R  H  F  R
S  L  M  C  Q  E  D  P  Y  P  Z  E
P  A  C  A  I  L  G  I  B  R  I  B
G  G  M  T  M  L  P  O  X  U  C  D
S  E  I  N  F  E  L  D  I  M  X  E
V  K  Z  D  F  B  I  R  A  E  K  H
P  Y  S  G  F  C  F  V  F  K  H  E
```

BIRBIGLIA	GALIFIANAKIS	MURPHY
CARLIN	GERVAIS	PRYOR
CHAPPELLE	HEDBERG	SANDLER
CRYSTAL	KINISON	SEINFELD
GAFFIGAN	MULANEY	WILLIAMS

SOLUTION ON PAGE 259

TAROT CARDS

```
H E R M I T Z S L C M E
T K C Y J S Z J S A N E
G O O N W U J H G O I R
N S D N A W D I N L C Z
E E I T Z R C G L F R I
R L R H F I E H M S O Q
T C Q T A X F P H E L H
S A W N S N G R M S N N
P T L E J Z G I R E F T
T N A H P O R E I H T Z
B E S D R O W S D Z N D
A P F N P I K T S M W W
X R O R E P M E P T A B
M U O E C I T S U J E N
I D L B A F J S C J H Q
```

CUPS   HIEROPHANT   PENTACLES

EMPEROR   HIGH PRIESTESS   STRENGTH

FOOL   JUDGMENT   SWORDS

HANGED MAN   JUSTICE   TEMPERANCE

HERMIT   MAGICIAN   WANDS

SOLUTION ON PAGE 259

```
M  I  L  G  N  I  N  O  S  A  E  S
H  P  P  O  Q  U  B  T  T  B  G  P
O  B  K  D  B  F  C  S  B  N  P  A
V  A  E  T  R  U  H  I  I  F  C  T
S  C  V  O  J  K  R  W  J  Q  A  U
B  K  I  H  T  G  N  G  R  I  L  L
I  Y  E  G  K  E  R  L  E  J  L  A
R  A  W  W  K  B  G  M  P  R  A  P
F  R  Z  C  E  V  A  A  O  R  O  R
O  D  I  X  L  R  C  B  S  A  C  O
K  H  A  B  I  C  H  G  R  U  R  N
C  N  Y  N  B  G  X  C  W  V  A  E
A  R  A  J  I  Y  Y  Z  C  D  H  S
R  T  L  E  K  O  M  S  M  R  C  B
E  Z  N  V  U  H  B  K  O  W  B  R
```

APRON	GRILL	SAUSAGE
BACKYARD	HOT DOG	SEASONING
BURGER	MARINATE	SKEWER
CHARCOAL	NEIGHBOR	SMOKE
CHICKEN WINGS	RACK OF RIBS	SPATULA

SOLUTION ON PAGE 260

FEMALE DIRECTORS

```
H L Y Q O M C C R O Y K
A C L R O A W Z E D M Q
H T C A M S H P T K I S
N A O P H D Z Z S B W Z
Y F I K B S Z T O I M H
A O T G N W R A F B Z Q
N G I W R E G A J I V A
R H E O I R D Q M G C L
E J S S P T S O W E N O
V E A S N M R B L L O P
U N W R B U T O G O R P
D K M R I L N L W W H O
Q I M H F L M H X Q P C
G N I L R E K C E H E A
Y S Z S I R E E H P S X
```

BIGELOW

CAMPION

CHOLODENKO

COPPOLA

DUVERNAY

EPHRON

FOSTER

GERWIG

HECKERLING

JENKINS

MARSHALL

SPHEERIS

STREISAND

WERTMULLER

ZHAO

```
E M S M V F I I U J G B
R L M U F I R C X A Q T
E N B X N R P I B O G X
U L V A E S P H S M I K
C S V L T T C U Q B I L
N D O L T A O R Q T E L
Q O Q A E I L P E V F E
C P T B K D A F O E S K
M H M D C K L H N G N R
W P Y N U I S V Y I T O
F T G A B T H F Y O L N
Q H P T O W T T W P X S
F U V A V S P E A K E R
I U M B R E L L A O N C
B V S E S S A L G N U S
```

BAT AND BALL	FRISBEE	SPEAKER
BEACH BAG	INFLATABLE	SUNGLASSES
BUCKET	KITE	SUNSCREEN
COOLER	SHOVEL	TOWELS
FIRST AID KIT	SNORKEL	UMBRELLA

SOLUTION ON PAGE 260

```
H I I H E L V N Z A R I
H V J C O D E S S O U G
P A N C O L I F T P E M
E N G A G L B T D A I R
A E G R F P E E X M T Q
O Y E H N R I I I D B E
D C M U O N I C T N O L
O K A T R I A N G V T E
N F N N A I T I T A T G
A I T O P Y N V O S I E
T V E Z H Z G A J A C U
E J G F A E J D U R E R
L F N B E L L I N I L B
L K A J L I Z Z C T L V
O L E G N A L E H C I M
```

BELLINI   DURER   RAPHAEL

BOTTICELLI   EL GRECO   TINTORETTO

BRUEGEL   HOLBEIN   TITIAN

DA VINCI   MANTEGNA   VAN EYCK

DONATELLO   MICHELANGELO   VASARI

MILITARY RANKS

```
N  L  L  S  C  T  K  H  B  Q  G  Q
M  A  W  T  N  A  E  G  R  E  S  E
I  G  M  S  R  P  R  D  N  G  O  Y
F  E  R  R  D  T  I  E  L  F  G  E
Q  V  S  G  I  N  R  N  F  X  B  O
W  E  J  T  L  A  R  I  M  D  A  D
R  T  B  S  L  N  C  A  W  L  Y  I
E  O  L  I  P  E  D  T  S  E  W  Z
C  X  J  L  R  T  P  P  T  N  Q  N
R  C  H  A  Q  U  G  A  E  O  V  L
U  R  I  I  M  E  V  C  N  L  O  E
I  Y  W  C  Y  I  Z  T  S  O  B  E
T  L  G  E  R  L  Z  V  I  C  I  B
C  O  R  P  O  R  A  L  G  R  C  D
P  Y  I  S  E  A  M  A  N  B  F  S
```

ADMIRAL	ENSIGN	PRIVATE
AIRMAN	GENERAL	RECRUIT
CAPTAIN	LIEUTENANT	SEAMAN
COLONEL	MAJOR	SERGEANT
CORPORAL	OFFICER	SPECIALIST

SOLUTION ON PAGE 261

```
S S R K R R A P W D Z F
L R L E E G R N A S O R
I E E M T L J U S K N S
C Z A I D T L T L R Z W
O E W I L E U P A E Y N
R E L M S P A C T V R M
K W I I B B J H E I K D
S T H D F O L N M R C D
C C U J G L G A A D I E
R Q I R L L I B D W P W
E K W S C G Y A P E H D
W W R U S R X Z N R T G
B F F J P O I M V C O M
M H Z Z T J R T F S O B
K Q G R M G O S B C T Q
```

BLADE

CHISEL

CORKSCREW

METAL SAW

NAIL FILE

PEN

PLIERS

PRYBAR

REAMER

RULER

SCISSORS

SCREWDRIVER

TOOTHPICK

TWEEZERS

WIRE CUTTER

SOLUTION ON PAGE 261

```
E  G  G  U  D  M  N  E  X  S  F  Z
R  U  N  A  W  A  Y  J  U  R  Y  P
C  L  I  E  N  T  E  S  N  O  P  F
S  T  N  O  F  I  C  U  M  T  T  E
S  L  O  W  H  A  H  M  A  A  C  I
B  A  K  P  P  F  A  M  U  G  R  R
D  L  C  P  Q  I  M  O  T  I  E  B
I  R  E  K  O  R  B  N  W  T  K  N
E  A  R  A  F  M  E  S  W  I  A  A
L  O  S  M  C  M  R  N  Z  L  M  C
B  W  Q  H  A  H  U  Y  T  G  N  I
I  W  Z  T  F  G  E  A  Q  R  I  L
U  E  S  P  S  C  A  R  U  Y  A  E
U  E  T  A  I  C  O  S  S  A  R  P
T  W  R  I  P  J  D  P  U  L  W  C
```

APPEAL	CLIENT	RAINMAKER
ASSOCIATE	FIRM	RECKONING
BLEACHERS	LITIGATORS	RUNAWAY JURY
BROKER	PARTNER	SUMMONS
CHAMBER	PELICAN BRIEF	TESTAMENT

MASCOTS

```
D S F E V B V K U L R J
R E G D A B Y K C U B R
R L U N U H A U B I E D
O D G P X J W R G H N G
O D A E W N U R P N N D
G U B M E T E O F F Y Y
E P U V U D G D K I T Y
C I L S R Y U A L P H T
K C L C D L A O X V E R
I C D L Q Z D V Y Y B A
F L O W C K M V G O U P
Z G G R R R E G G U L S
Y E E M M M J S U P L E
Z O B E L S S Q C P X N
C I T A N A H P F I Q Y
```

AUBIE	GOLDY GOPHER	SLUGGERRR
BENNY THE BULL	KC WOLF	SPARTY
BIG RED	MR MET	UGA BULLDOG
BRUTUS	PHANATIC	YOUDEE
BUCKY BADGER	PUDDLES	YOUPPI

```
G X L V S E L C I R E P
E H G S Y M D S W A T L
Y B T G A R T W V S I S
L N H O J G N I K E E T
S W G V Z M G E N A K F
E U I I I D R A H C I R
I C N N E G A T L S L A
O B H A T E S D T U U E
L H T Y L E T E N I O L
L U F T P O R I M L Y G
E T L M U Z I S I U S N
H T E B C A M R T J A I
T T W R O M S Z O A B K
O J T E L M A H I C L M
N X Z C Y M B E L I N E
```

AS YOU LIKE IT	JULIUS CAESAR	PERICLES
CORIOLANUS	KING JOHN	RICHARD III
CYMBELINE	KING LEAR	TEMPEST
HAMLET	MACBETH	TWELFTH NIGHT
HENRY V	OTHELLO	WINTER'S TALE

SOLUTION ON PAGE 262

SPICES

```
I W Y K Q E F O T U Z G
N B P H V J T G W I L F
U G J J S R E L P O E Q
T H Y M E S I N A N N C
M U X U S Z V S O V N F
E Z R L B P A R S L E Y
G Q Q M T G F A Q A F A
O A D B E F R Q T Q C W
B D M L A R Z G E A A A
W G C S X S I C D R R R
N O M A N N I C W A D A
A T S F G P I L E U A C
E F M E P T N M C U M R
F Z R I N O K L U M O O
Q B R F A T B B D C M O
```

ANISE	CUMIN	SAFFRON
BASIL	FENNEL	SAGE
CARAWAY	GINGER	THYME
CARDAMOM	NUTMEG	TURMERIC
CINNAMON	PARSLEY	ZAATAR

NEWS PERSONALITIES

```
A  B  W  I  L  L  I  A  M  S  J  I
O  Q  N  W  U  Z  M  Y  X  Q  B  V
Y  F  O  R  J  A  F  T  Y  F  N  C
S  C  A  X  N  C  R  I  V  U  V  O
F  T  X  P  U  O  X  N  M  X  N  J
R  G  O  T  A  O  V  N  A  Z  D  N
M  U  X  F  T  P  V  A  D  L  O  G
R  T  D  B  C  E  T  H  D  M  V  D
M  H  N  K  D  R  N  K  O  Z  F  R
Q  R  M  R  W  E  K  R  W  L  E  B
S  I  L  E  J  Z  I  I  U  Y  T  I
B  E  O  P  K  T  Q  O  W  B  Y  L
E  F  Y  P  R  I  I  A  K  E  N  H
P  I  C  A  R  L  S  O  N  C  Y  P
R  W  B  T  H  B  I  Z  A  K  D  X
```

AMANPOUR	CARLSON	HOLT
BARTIROMO	COOPER	MADDOW
BECK	GUTHRIE	SAWYER
BLITZER	HANNITY	TAPPER
BURNETT	HAYES	WILLIAMS

SOLUTION ON PAGE 262

ENVIRONMENT

```
F E C U D E R E U S E J
A X O S F N A K Q C E E
M W N K O E I G X W L D
A C S B O R N F V E T E
T X E O R G B O C U L T
T A R S L Y A T C C V V
I C V U O A R O Y G G P
D I E O O I R C P R J V
A I V T C H E P Z E B N
L T X C O R L Y A E X Y
P E A V M R A F D N I W
O R O G P M P D K K E R
W X Q E O B I O F U E L
E I J Z S U R F P E A T
R R I J T J R K X P C B
```

BIOFUEL	ENERGY	REDUCE
COMPOST	GREEN	REUSE
CONSERVE	PROTECT	SOLAR PANEL
COOL ROOF	RAIN BARREL	TIDAL POWER
ELECTRIC CAR	RECYCLE	WIND FARM

SOLUTION ON PAGE 262

SHADES OF GREEN

```
J O B K C O R M A H S D
C I G A P R M E N R E F
E H J U A K N H V Q R G
D C M U D W S B H I F D
A A Y L N U A Z H O L V
J T R V D G T Q R A M O
H S T L P X L E R X A N
M I L U M D S E M N L Y
V P E A R T M X R O A K
D S D L V E V W V D C A
Z M I Q G O Y K L A H W
A M O S S X C F J L I P
E V P U Z P K A V E T V
U O G U M I N T D C E C
N I W C G U K C E O U F
```

AVOCADO   JADE   MOSS

CELADON   JUNGLE   MYRTLE

EMERALD   LIME   OLIVE

FERN   MALACHITE   PISTACHIO

FOREST   MINT   SHAMROCK

VIDEO GAMES

```
Q F U S H L M R G C J O
D D G M I E B C N V M I
J O G N O M E K O P S H
T N G M X K C S T R P L
F K T R T D F I F L A T
A E M E S G J R T E C R
R Y R S E Y V T D Y E I
C K E G P H P E A G I X
E O D O M A P T G G N R
N N N T E I C O A Z V A
I G E T T X R M L R A T
M T F N R F V K A U D A
M B E Z F A K A G N E H
G C D I O R T E M R R I
X V Z B Z Q J A R W S L
```

CENTIPEDE

CONTRA

DEFENDER

DONKEY KONG

FROGGER

GALAGA

METROID

MINECRAFT

MS. PAC-MAN

POKEMON GO

PONG

SIMCITY

SPACE INVADERS

TEMPEST

TETRIS

SOLUTION ON PAGE 263

BEATLES SONGS

```
S H J M I N M Y L I F E
H V N H R G L W C M D F
E B T I T E L A X U G C
L Q B Z B L H F J E H S
O R B U T L U Y T O M W
V H E L P E E B M J T Z
E R O P A H A U Q O V G
S V D C P C R N N A N F
Y V E C K I K F C I L U
O K M C Q M R B H R W W
U R E V O L U T I O N T
D V V G N E G Y R A C
N G O N A M X A T A D D
U Q L X O K Y O T E D S
C Y E S T E R D A Y F L
```

BLACKBIRD	HEY JUDE	REVOLUTION
DAY TRIPPER	IN MY LIFE	SHE LOVES YOU
GET BACK	LET IT BE	SOMETHING
GIRL	LOVE ME DO	TAXMAN
HELP	MICHELLE	YESTERDAY

THE ROYAL FAMILY

```
P Q C C R C O O M X H A
J H A R R Y O P Y E J Q
O T B G P E U G E N I E
L E S S N X S I B I D W
C B E X E Q L O L R Q N
W A W C B L E O P E P Z
S Z M V I N R D J H Q D
D I G I N R N A W T I L
G L A A L F T A H A X E
D E T T O L R A H C R D
W N O S P S A N E G M D
L D B R V K L D R B E U
I F U P G J O R T H S M
J D P T I E F E U X G L
V M A I L L I W X E U J
```

ANDREW   CHARLES   GEORGE

ANNE   CHARLOTTE   HARRY

BEATRICE   EDWARD   MEGHAN

CAMILLA   ELIZABETH   SOPHIE

CATHERINE   EUGENIE   WILLIAM

SOLUTION ON PAGE 263

SWIMWEAR

```
J  I  K  Q  K  X  I  P  Y  M  Z  I
G  W  Y  N  X  F  B  I  K  I  N  I
C  P  A  H  S  A  T  V  E  Z  I  M
O  X  Y  W  N  M  S  A  C  G  K  T
V  L  M  D  B  R  P  M  E  G  Y  S
E  W  E  M  O  N  O  K  I  N  I  S
R  A  W  K  D  W  U  F  P  I  T  E
U  M  S  T  R  A  P  L  E  S  S  R
P  M  A  M  A  O  I  F  N  D  S  D
A  I  N  J  U  I  N  B  O  K  P  M
S  E  L  G  G  O  G  S  N  S  E  I
Y  C  R  P  H  T  I  U  S  T  E  W
B  I  D  O  S  T  R  I  N  G  D  S
H  I  H  Q  A  T  Q  J  F  I  O  R
H  H  L  S  R  E  P  P  I  L  F  G
```

BANDEAU	MONOKINI	STRAPLESS
BIKINI	ONE PIECE	STRING
COVER UP	RASH GUARD	SWIMDRESS
FLIPPERS	SNORKEL	TRUNKS
GOGGLES	SPEEDO	WETSUIT

SOLUTION ON PAGE 264

KOREAN CUISINE

```
K  D  L  L  E  P  D  Z  L  Q  R  Y
F  V  B  E  K  A  L  G  U  K  S  U
S  F  Y  A  B  B  K  T  Q  J  T  S
T  L  R  D  G  M  J  I  A  A  Z  Z
B  N  H  N  X  I  A  P  M  M  Q  I
R  O  O  O  W  G  C  R  V  C  W  E
U  E  S  O  Y  H  F  K  K  V  H  B
G  J  J  S  A  Z  U  U  B  Q  I  I
A  A  G  E  A  G  U  U  L  B  D  Z
L  P  K  F  U  M  L  S  I  F  L  M
B  J  V  D  Q  G  A  M  G  X  A  T
I  P  N  H  O  E  B  J  F  N  A  Q
W  A  L  G  J  A  I  M  D  N  I  J
M  K  I  R  P  U  K  O  G  S  O  B
Q  J  H  K  X  U  O  N  K  W  Y  F
```

BIBIMBAP	GIMBAP	MANDOO
BINGSU	HOE	MANDUGUK
BOSSAM	JAPCHAE	PAJEON
BULGOGI	KALGUKSU	SOONDAE
GALBI	KIMCHI	TANG

```
Q  S  Y  H  E  I  X  B  F  W  Z  E
S  R  E  N  N  I  P  S  W  P  N  X
A  S  R  Y  N  X  Z  B  D  M  L  B
M  S  E  M  A  J  K  C  I  R  V  S
C  P  C  S  J  G  U  S  N  V  N  E
O  O  B  E  S  D  N  I  Z  O  A  R
O  T  O  L  F  R  S  I  I  B  A  O
K  R  Y  C  E  I  U  T  V  Y  B  D
E  U  Z  A  J  F  A  O  C  R  D  O
G  O  I  R  C  T  D  H  T  M  A  M
R  F  I  I  P  E  A  X  F  N  R  M
A  X  M  M  O  R  D  G  V  X  O  O
B  Y  E  T  L  S  A  S  N  G  B  C
E  T  N  E  E  R  G  L  A  M  Y  O
D  J  S  U  P  R  E  M  E  S  T  J
```

AL GREEN	DRIFTERS	RICK JAMES
BOYZ II MEN	FOUR TOPS	SAM COOKE
COMMODORES	MARVIN GAYE	SPINNERS
CONTOURS	MIRACLES	SUPREMES
DEBARGE	RAY CHARLES	TEMPTATIONS

SOLUTION ON PAGE 264

```
L O K U N G X R G Y B H
I L W M M L N E R L G L
V L O J B L I G A C C E
E I R E K A R N O O M L
A K X C Z B T I B N K A
N A N S O R B F E N I Y
D O Y M Q E N D X E B O
L T L S F D P L O R S R
E W L V S N Q O V Y S O
T E A Q O U Q G G E V N
D I F G O H P M I D X I
I V Y X Y T C O C A D S
E A K A C S O O T Q R A
B C S P E C T R E C N C
B J T E Y E N E D L O G
```

A VIEW TO A KILL   DR. NO   MOORE

BROSNAN   GOLDENEYE   OCTOPUSSY

CASINO ROYALE   GOLDFINGER   SKYFALL

CONNERY   LIVE AND LET DIE   SPECTRE

CRAIG   MOONRAKER   THUNDERBALL

```
M Z R F Q H K G B O R I
O R O Z G G J A L T S N
K E R O U A C H S H I A
W H M C Z B U O E E L M
O X U C W G R D L A V T
R B K I H F H I E S E I
D H B E O K O G T N R H
S A S V X T B A E Z S W
W L S I E S E M C S T E
O X J K A Y E C E S E L
R Z P M N R J G T U I G
T C O E S M R A G H N T
H H V O D O E P O B Z I
T L N P B K I P L I N G
Z I M P F I Z C W Z H V
```

AUDEN	HUGHES	SILVERSTEIN
BORGES	KEATS	THOMAS
ELIOT	KEROUAC	WHITMAN
EMERSON	KIPLING	WORDSWORTH
FROST	POE	YEATS

SOLUTION ON PAGE 265

```
A L K K R S Q X A Y B D
W Y J P K U R M Z R K N
S G N I K D A P D D Z M
A S J A A O J Y E C Q E
M E Y B M X W T U M Y R
U N U M B E R S T W C S
E K U M L E Q Q E H S W
L P K F V C Q X R L U S
Q G R Y N Y C O O T C I
J J R O A T N J N R I S
O U U X V I K P O E T E
S D T M C E C Q M H I N
H G H L O D R T Y T V E
U E E T G V J B C S E G
A S X P S A L M S E L P
```

CHRONICLES	GENESIS	NUMBERS
DEUTERONOMY	JOSHUA	PROVERBS
ESTHER	JUDGES	PSALMS
EXODUS	KINGS	RUTH
EZRA	LEVITICUS	SAMUEL

```
P T P P W B V Z J A Y Z
E H S Z I Y R L R C T P
N G C E A G O U Z J T Q
A U P F W O Q Z W M U A
K O J I C E C U B E Y T
Y H C L F O Y E E U K D
D T L A U R Y N H I L L
D K C U H C L O A Y S W
A C B E A A A S J K B J
D A C M T T J R A K K C
G L W I O Y A K D N G S
I B F N B K L R Z I W A
B A O E I B C C D B B S
H X Q M J Y J V M U H K
Q K Y D V I B Z Q E E Y
```

BIG DADDY KANE	ICE CUBE	LL COOL J
BLACK THOUGHT	JAY Z	MC LYTE
CARDI B	KANYE WEST	NAS
CHUCK D	KRS-ONE	QUEEN LATIFAH
EMINEM	LAURYN HILL	RAKIM

SOLUTION ON PAGE 265

DANCES

```
Y Q X X N J T C Q Z T C
E F X P G O N A M B K H
J A H H R E O B L I W A
N K N T U T T K C Q X R
Q N X E S S A L S A A L
T O G I A A T U B Q M E
F I W U K N O L F G E S
E T P F B E P D E C V T
Q O X N I R D L I M B O
I M G K A A E Q K O G N
G O A Q H C H T V S Z L
C C J Z C A S J T H M V
Z O B M A M A T D I G A
L L O U H A M W E N J A
X F J K C E T A N G O A
```

DICE ROLLS

```
S E C B O X C A R S V C
E C R N D N R O E T N G
P U P P Y P A W S A V Z
L E L K U C P T A T O D
O D U B V F S I U M E I
U E A S Y S I X I R S M
B C O Q Y N L D G E A P
R A G J F T N I Y V Z L
O M L S E I B E O E J E
W V F L G L E T B F Z S
N T A H E K T A M S N C
Z L T M A R X T M Y M D
N F I N Y X I S I L D V
P Z S A C N L N K L N Q
Y D Q R W K V F A N V P
```

ACE DEUCE	CRAPS	LOU BROWN
BALLERINA	DIMPLES	MIDNIGHT
BENNY BLUE	EASY SIX	NATURAL
BIG RED	FEVER	PUPPY PAWS
BOXCARS	LITTLE JOE	SNAKE EYES

SOLUTION ON PAGE 266

```
W A S O T E K Z V X M U
N A T P L W Q R I W A J
M B F N I E C T B M T V
W L O O K L I P Y O I W
Q N S K O G I I S H X R
P S O I E K A H R Y Z K
E I R N V K I S P P Q V
B E C B A B L K H A S D
P H I T A C H I N N A H
L U M P S O N Y E A M E
Z H P S C I Z M P S S Y
D L Q Q Y Z E Z Y O U I
E S N E S I H X D N N X
L Z W U S V F L L I G L
L P A N J Y O V U C X Y
```

AKAI	HITACHI	SAMSUNG
APPLE	MICROSOFT	SIEMENS
CANON	NIKON	SONY
DELL	PANASONIC	TOSHIBA
HISENSE	PHILIPS	VIZIO

AFRICAN COUNTRIES

```
G M F T C E W A Z J G M
L O F N O N Y L K H Z R
R Z G N T N F I A A T A
K A I R E G I N I G A C
J M T K D B A L S T N S
E B O K I Q A Z U S Z A
D I X R V M C I D U A G
W Q N O O R E M A C N A
A U K S I C Z Y N Q I D
C E G O R O C Y H P A A
V O G A E X E O O F K M
L X N Y N M P I D T Q O
W I H U P D H A I Q D Y
Q Q L N K T A A B D U Z
W A L G E R I A R K N K
```

ALGERIA	GHANA	NIGERIA
CAMEROON	KENYA	SOMALIA
COTE D'IVOIRE	MADAGASCAR	SUDAN
EGYPT	MOROCCO	TANZANIA
ETHIOPIA	MOZAMBIQUE	UGANDA

MUSICALS

```
H H A M I L T O N Q R Y
Z A U D H N S B O L L R
K I I P E S T F W L K O
J M T R E K A H O E I T
F A O O S C C D L N S S
N M J D R P O I F I S E
S M B U E L R I W L M D
K A T C L Y Q A B S E I
P M C E U C I T Y U K S
W Y H R R D R V G R A T
G X I S P A M A L O T S
O L C X N Q B I C H E E
O C A F K F V A X C B W
K V G U F B N C C A E I
X K O K L A H O M A M D
```

A CHORUS LINE	HAMILTON	PRODUCERS
CABARET	HELLO DOLLY	RENT
CATS	KISS ME KATE	SPAMALOT
CHICAGO	MAMMA MIA	WEST SIDE STORY
HAIRSPRAY	OKLAHOMA	WICKED

SOLUTION ON PAGE 266

DISNEY PRINCESSES

```
E B K Z M A X M T L S E
L E Z N U P A R W N B C
U A Q R L N D K I R Q V
Q P O C A H O N T A S Z
L R E I N D Y M E P P G
A L T N N Q I B G J Z O
U H I D A Q T R R A I N
L Z H E R S F V E S Q V
P C W R I Y L T W M J Y
J U W E E B D E I I W Z
E P O L L E N A V N K O
G O N L S L E V O E A B
V I S A Z L F L Q D L C
W R W R U E I S N O J K
A W P M L E T L V Z Y X
```

ANNA	EILONWY	POCAHONTAS
ARIEL	ELSA	RAPUNZEL
AURORA	JASMINE	SNOW WHITE
BELLE	MERIDA	TIANA
CINDERELLA	MULAN	VANELLOPE

SOLUTION ON PAGE 267

```
L  G  H  S  O  C  L  N  U  Z  Q
M  V  E  C  C  I  F  M  G  N  M
T  P  I  R  C  S  E  P  Y  T  J
K  C  T  A  L  A  L  T  X  P  N
J  L  O  T  C  B  X  A  B  I  V
L  S  C  C  E  L  I  C  N  R  B
V  O  G  H  V  A  I  P  A  C  B
C  N  B  D  I  U  A  R  R  S  O
T  I  P  O  T  S  U  R  T  A  E
N  U  S  O  C  I  W  S  R  V  Q
K  D  I  A  E  V  I  I  O  A  Y
C  R  L  L  J  N  Z  I  F  J  L
A  A  R  U  B  Y  E  H  E  T  D
V  E  P  N  O  H  T  Y  P  W  S
```

ARDUINO	OBJECTIVE-C	RUST
COBOL	PASCAL	SCRATCH
FORTRAN	PERL	SWIFT
JAVASCRIPT	PYTHON	TYPESCRIPT
LISP	RUBY	VISUAL BASIC

SOLUTION ON PAGE 267

```
F G Q E E O H B G X W C
D I U E C C Y J F R E T
J A O G F F Y K Q T S M
U C E R S E I D K L T T
H N N N Y F A F Z R E K
W Z O P E N S W S Q R H
P W R G L R O Z N A O A
P M H O A N Y K T T S L
E L T S S T T S C A Q D
L A N N I S T E R I H R
K A O O Z J X S S C R O
S J R A I K Y K M G J G
Q F I Y D R A D D E S O
W O U K A R Y T Y G Y G
D I B V Y S A T N A F O
```

ARYA

CERSEI

DAENERYS

EDDARD

FANTASY

IRON THRONE

JON SNOW

KHAL DROGO

LANNISTER

RICKON

SANSA

STARK

TYRION

VARYS

WESTEROS

SOLUTION ON PAGE 267

SPRING

```
U H K A S R E W O H S Y
E X D R B N D K R E S O
Z V M W H D N A H D P E
Z L P C B W M S U I B T
N R A U S B O O D I K B
E R L W W L Q B O N O U
A B R H A P S N N L W T
S Z E G H M L B J I B T
T N L T A T F Z N D A E
E E O E T W N D N O M R
R Q U W Z R Y I N F L F
O Z A Y D E W F C F F L
G H U M B R E L L A V Y
T U G G J G O R O D Y A
O S E L D D U P B F M H
```

BLOOM	EASTER	SHOWERS
BREEZE	GALOSHES	SNOWDROP
BULBS	HYACINTH	THAW
BUTTERFLY	PUDDLES	UMBRELLA
DAFFODIL	RAINBOW	WINDY

SOLUTION ON PAGE 267

CIVIL WAR BATTLES

```
K G L T Y C U V A I P W
Q H R N U R L L U B E R
E O E U O W E P T P T Z
N G R U B S Y T T E G K
O A D Z H S L F X M Z M
S P L I C E K E V I L T
D P L G R M N C N V Y Z
U O I T Z A S R I O J E
H M M R G T E Y Y V D O
D A S E V E N P I N E S
E T E M Q I U V R X J U
M T N W O T K R O Y Y M
Y O I J S N N G J Z A T
Q X A T L A N T A J F E
H J G J X R S N G K L R
```

ANTIETAM	GAINES MILL	SEVEN PINES
APPOMATTOX	GETTYSBURG	SHILOH
ATLANTA	HENRY	SUMTER
BULL RUN	HUDSON	VICKSBURG
DONELSON	PEA RIDGE	YORKTOWN

SOLUTION ON PAGE 268

```
S S Q W T S H W L Y B Y
H E H E L S M A P L E Y
I Q C L E P T R A H R O
C A T U N L A W K H O R
K O S J R X R I M S M A
O K R A C P E L M A A B
R A D K O J S L H P C J
Y E J N T G F O A M Y S
C T P H T T G W W D S R
S Y T I O A U A T G O N
Z E B A N Y A N H P E K
Z F E Y W U N E O P Q M
D I A Z O V J T R R E S
L W O Q O Y R H N F B T
C O Z U D F E Z A J L K
```

ASH	HAWTHORN	SPRUCE
BANYAN	HICKORY	SYCAMORE
CEDAR	JUNIPER	TEAK
COTTONWOOD	MAHOGANY	WALNUT
ELM	MAPLE	WILLOW

DOG BREEDS

```
H V O K E L D O O P U G
Y V H N S A I H O I R M
F B O X E R Z M N T Y D
Z P A O T W E D R B N F
N W L R L R C O E U U I
W U S W A L D A H L K A
H E Z N M N G S X L E U
M A I D O L H V S M Z H
C A V M E C D H S O X A
N W O V A S H I H T Z U
G K H D K R A C A O I H
B U Q W I I A A R H P I
W R A U T Z Q N P Y C H
G X T X A R N R E C G C
K T X L C G K C I R G X
```

AKITA

BEAGLE

BOXER

CHIHUAHUA

DACHSHUND

KOMONDOR

MALTESE

PIT BULL

POMERANIAN

POODLE

PUG

SHAR-PEI

SHIH TZU

VIZSLA

WEIMARANER

SOLUTION ON PAGE 268

CONDIMENTS

```
D W D E I W X D N A P M
X G I Z C U V R P W T S
E M V V D U E A I H U M
Y C A I E R A T B M G V
S B N Y S G A S M Y D I
R K E J O H E U Y K L H
H E F I I N H M E O Y K
H T L N F E N W I D S C
L C I I R M T A R T A R
T H O A S L A S I X E E
Z U I N N H B A C S N R
C P A W U Y A B S X E M
I A J B N I S I O H W N
G N A J U H C O G M H W
Y W B Z T J O A Q W Z A
```

AIOLI

GOCHUJANG

HOISIN

HUMMUS

KETCHUP

MAYONNAISE

MUSTARD

RELISH

SALSA

SOY SAUCE

TABASCO

TAHINI

TARTAR

VEGEMITE

WASABI

```
C H K E G J P E E H S V
M W U E R M C L X G B G
O O H O E O T E U U A Q
C R P E U T T U L O R X
R C K N A X S C L R T H
H E T C Z T V E A T W O
A R O O S T E R V R B A
Y A L F A L F A C R T F
L C O R N T G H N Z A V
O S T E L G I P V O E H
F H F N J C J L M W D E
T X M I K V Y P B O Y K
L I V E S T O C K L U B
V U N V U A H A M B Q V
P S N F U L V F R F Q J
```

ALFALFA	HARVEST	SCARECROW
CATTLE	HAYLOFT	SHEEP
CHICKENS	LIVESTOCK	TRACTOR
CORN	PIGLETS	TROUGH
COUNTRY	ROOSTER	WHEAT

SOLUTION ON PAGE 269

YOGA POSES

```
F D A Z P Z F K V M R A
F W J A W A F L N C C A
A A E Y I E D M D A H H
T R E E G N U L W O L A
S R B A B R I D G E G P
U I I O G H Y J O O A P
L O M A C B D U D D Q Y
J R P N N L S D L O U B
A R T I C G R R K E L A
H E I A L A L M M Q N B
S S D T W R T E W E K Y
O P Z N G L A C P B G S
R R W U M A R P O B G A
Y O I O S N C L Y W C N
D C C M N D S F I V Q V
```

BRIDGE   DOWNWARD DOG   PLANK

CAT COW   GARLAND   STAFF

CHILD   HAPPY BABY   TREE

COBRA   LOW LUNGE   TRIANGLE

CORPSE   MOUNTAIN   WARRIOR

SOLUTION ON PAGE 269

```
K B O Q N L N Z F F B G
G Y P P N G I F O U M R
E O T I U Q S O M M Z C
L O J E C F H B I B X R
I E O F K C L D Y S X I
R D E I W E O E O O Q C
F M A R B N C W A J Q K
F Z T E C T U Z A G U E
N E E F G I S N D S Y T
H J R L B P T P P G P M
C D M Y P E P T I L O H
Y V I F E D E W Y D J M
M O T H T E R T D R E G
U A E H P A O D L N F R
R O T T E A V D A E O Q
```

ANT	CRICKET	MOSQUITO
APHID	EARWIG	MOTH
BEETLE	FIREFLY	SPIDER
BUMBLEBEE	FLEA	TERMITE
CENTIPEDE	LOCUST	WASP

SOLUTION ON PAGE 269

```
S D N W N E G O R T I N
F J O K C D R C R A Q T
M E R C N N L H G R X X
L S O I E N I R O L H C
E I B N A M Y Z Q G F Z
K P N E A S L S N V L M
C C B S I O R U F L U S
I Z N R L Z R E P P O C
N N E A V D U P M C R J
J K O C F J Q M A K I N
J A N U T V A R Z I N P
I R O N M D B S M W E G
G G O V R O C O B A L T
I O T I N O X Y G E N V
E N B L K C W K N V Y G
```

ARGON	COBALT	NICKEL
ARSENIC	COPPER	NITROGEN
BORON	FLUORINE	OXYGEN
CARBON	IRON	SULFUR
CHLORINE	NEON	ZINC

IN THE DESERT

```
V V Z S C C D T A U W W
H D A R R O Y O C D W Z
V A R I D Y Q A E Z V H
R R T C G O C Y M Y A R
I M O U N T A I N B T G
T A E N U E E S X H U S
A D I S T S K E T O M X
F I J G A I C K P S B S
A L G A I S Z A S Q L O
Y L N N A A O N O S E Q
N O I P R O C S T F W J
O F Z S A N D D U N E T
J Y A T G U Y Y B N E P
V U L T U R E D U I D T
N Y B P P S S H M R J A
```

ARID	COYOTE	SCORPION
ARMADILLO	MESA	SNAKES
ARROYO	MOUNTAIN	SUN
BLAZING	OASIS	TUMBLEWEED
CACTUS	SAND DUNE	VULTURE

SOLUTION ON PAGE 270

```
E M O F R Y B S Y B W Z
V Z T O S P D Y A L Z L
I H Z T N O O H L A R D
S Z O Z L K C B J X N W
S H E G A H S D D A A N
E U N Q A J I N B R V W
R N N M N C E G W S A B
G N B J A G I E X S N H
O E R R S B N H R I T E
R D X J G M Q I C F G L
P E J D Z Z W O W U A A
I S M P A S O O U S R T
F W D N A L E I X I D I
P X X W N G P O B O E N
F T R A D I T I O N A L
```

ACID JAZZ	COOL	LATIN
AVANT GARDE	DIXIELAND	NEO BOP
BIG BAND	FREE JAZZ	PROGRESSIVE
CHAMBER	FUSION	SWING
CHICAGO	HARD BOP	TRADITIONAL

```
V S U G Q N X M O S J Z
Y O N R O C I R P A C C
A S S J V Z L I I E Q K
S R A T S Z I Z S P W P
P Q S V Z U B Z C F Z Y
O K A A Y N R F E G S J
A L G O H Q A U S S E P
F F I E R E C N A C P D
J K T L M O G U Q T O S
I Y T W D I V G U P C W
H H A K S T N I A O S Q
U D R R M S E I R A O Y
K X I M T B N P I G R Y
L D U N Y P I B U A O Z
X V S Q T O S N S N H K
```

AQUARIUS	HOROSCOPE	SCORPIO
ARIES	LEO	SIGNS
CANCER	LIBRA	STARS
CAPRICORN	PISCES	TAURUS
GEMINI	SAGITTARIUS	VIRGO

SOLUTION ON PAGE 270

```
A O T G F C L E D S L Q
G X E A L A Y Q O L B I
S C C L C L J N X B P J
H W B C N Q R O K M L B
I A U A I M O R E P E P
Y Y R R G L I D L N D F
L G R E U D Y N R O R A
I H O G V T T E B T A E
L V S R M E X D N O C L
E C T J Q B O O M R A G
C L A E H T A L A C E I
A D I C O S A I A I N F
E N L N T P S H G F A D
P Y A L Q U C P D Q Y A
M E J E U W S O H T O P
```

ALOE VERA	DRACAENA	PEACE LILY
BURRO'S TAIL	FERN	PEPEROMIA
CACTUS	FIG LEAF	PHILODENDRON
CALATHEA	JADE	POTHOS
CROTON	PALM	YUCCA

AIRPLANE TRAVEL

```
K T O L I P V K D J M Y
O N N Q C L P I C E A T
P A T A K E O F F T W A
I O B R D P L U B L Y P
G I E P O N D A N A Y B
N Y G P K P E Y O G U K
I O T P P P S T I X E O
D A Y I N C U S T O M S
R V C R R I L D A A D H
A Y T U R U K D V P G M
O D H J U A C C R R N K
B E G S Q V C E E D K Q
X B I N R S U C S H X T
Y D L U G G A G E C C A
P Q F K O L K T R Y H T
```

ATTENDANT	CUSTOMS	PASSPORT
BOARDING	FLIGHT	PILOT
CABIN	JET LAG	RESERVATION
CARRY ON	LOUNGE	SECURITY
CHECK IN	LUGGAGE	TAKE OFF

SOLUTION ON PAGE 271

TENNIS

```
O P R R S C Y M F M U Y
R S L U X E R I P M U R
M Q E F L Q L S U V V S
M P F L O J A B P J S S
M Q O M G R I H U E R J
K V D H S N E T U O Q J
W R D I A C I H U X D T
V S G N I R T S A O F U
S H E C A O D I C N D Y
M E J C P H Y C X X D A
B Y K S B H K Y O O I L
G E P Y F F Y C C U B C
T I T W Y E L L A O R O
N Z V F N N G J R B X T
U G K M M B D D L F V S
```

ACE	DOUBLES	SINGLES
AD OUT	FOREHAND	STRINGS
ALLEY	HARD COURT	TOPSPIN
BACKHAND	NET	UMPIRE
CLAY	RACKET	VOLLEY

SOLUTION ON PAGE 271

FAMOUS AFRICAN AMERICANS

```
T V N O V Q R R B C F S
U D I F J Q W Y D W S U
Y E R F N I W M K X G I
Y S E T A O C I L I F O
Q N S S A C S A K D N A
G Z A A M P P N P E A G
N W S M A I L L I W D G
O Q M R B X I Z Z B R M
R W K P O U O N P V O A
T S S C A Y T I D W J R
S I I E C N O Y E B G S
M W U O L E G N A R H H
R E Q Q B J S Q N M U A
A X C D R U A M M Q Y L
H B O W J Q D Q R X T L
```

ANGELOU	JORDAN	PARKS
ARMSTRONG	KING	ROBINSON
BEYONCE	MARSHALL	TUBMAN
COATES	OBAMA	WILLIAMS
DUBOIS	OWENS	WINFREY

```
W K M V A K A X C E Q A
R H F F P P F V I E J R
G E J V I U D D Z R R X
W F K T H P C O X E V C
Y M C I R N P D D F M A
T H I L R V P R L E K R
V U K D Z T A N D R G Z
Y W R A F C S I M E O I
T Y E X D I S B X D R W
L H N E L F E X L N S N
A U R A F H Z L W E U Z
N S O O X B V S D F B A
E G C F W R M W S E H X
P S K W F I F A N D R S
Q C W U E J N U D T H A
```

CORNER KICK   MIDFIELDER   RED CARD

DEFENDER   OFFSIDE   REFEREE

FIFA   PASS   STRIKER

FOUL   PENALTY   THROW IN

GOAL   PITCH   WORLD CUP

CLEANING SUPPLIES

```
H X A T U I A R G G V G
C Y J O Q L B S C E A S
A J W I N D E X H B C O
E E G E E U Q S H G U Q
L D K C S B B S T Q U C
B R U S H K A X L R M U
Y O I S E R Q L B J C S
I T R X T V G M Q U L M
M A O A Z E O Y P I E H
Z X Z K X P R L E X A Q
C O O X H K A P G U N A
X Y X H Q O G D N F E Y
S E W I P E S W O F R S
S L E W O T R E P A P Y
E M N K S E T Z S E R H
```

BLEACH	MOP	TISSUES
BORAX	PAPER TOWELS	TRASH BAG
BRUSH	RAGS	VACUUM CLEANER
DUSTER	SPONGE	WINDEX
GLOVES	SQUEEGEE	WIPES

SOLUTION ON PAGE 272

BASEBALL

```
C C V O S V W S K B S T
X X C M Q O D Y R Q W U
P K E B R E H C T A C R
R I N H O M E P L A T E
W S T E A L G K T N J T
Z A E C S L N P N N L T
G G R R H A U K P G U A
V O F E I E B R O K J B
P G I L N P R T T W H I
D C E I Y H M I S B B F
B X L E N O Z U T R Z G
Q S D V N F U O R N I K
S J E E M K K X O M Y F
F W Y R M M Y N H C F A
Y A Q I P S Q L S W J Q
```

BATTER	HOME PLATE	STEAL
BUNT	LINEUP	TAG
CATCHER	PITCHER	THROW
CENTERFIELD	RELIEVER	UMPIRE
FIRST BASE	SHORTSTOP	WALK

SOLUTION ON PAGE 272

SEINFELD

```
I B K G Y B E M T S P Z
D D B R K L K N Z L K J
A S O Z A G E O R G E N
D J M I Y M L N W Z A A
A N N O T R E M W M Y M
Y E P R P T R R W A P R
A J A U N C L E L E O E
D P D B F T N E J H M T
A D E H C F D D P R G E
Y I L P D N Y E A O A P
A X L D A Y P S T R M O
D K E V E K P N H C M P
A F T D A L A S G I B N
Y R S X D O K K A Y R T
A R E K A M L E B A L T
```

APARTMENT

ART VANDELAY

BIG SALAD

ELAINE

ESTELLE

GEORGE

JERRY

KRAMER

LABELMAKER

NEWMAN

PETERMAN

PUDDY

PUFFY SHIRT

UNCLE LEO

YADA YADA YADA

GIRL SCOUTS

```
F P Z N I R E H Q M F M
V E Z Y M Q S F M G L R
R S R S S A C I N U T N
H O E O S L K A P E R D
W T C Y D E C S V I E V
O A F L N A N Q P N F H
L A R V D D S I H W O K
E Q K E W E T S O O I C
T Z T J N R B T A R L S
T T M F O M N A O B Z C
E L M O V G D I D L M D
I J P J A M N U V G I A
L C E K Y U Y B B B E I
U W J F J C O O K I E S
J S V B E I X A R B M Y
```

AMBASSADOR

BADGES

BROWNIE

CADETTE

COOKIES

DAISY

JULIETTE LOW

JUNIOR

KAPER

LEADER

SASH

SENIOR

TREFOIL

TROOP

TUNIC

SOLUTION ON PAGE 272

CARTOONS

```
Q X G R X S C E P Z M Y
Y K I B A R Y E W E P G
I T P M J E T S O N S U
S I A Z P G B O R S T A
T W P O Y R Z I I L O T
Y F P C V U H M G O H O
U U E F H B P H D O X M
G T P S K S C Y A N Y A
Y U I V O B B D R E R N
L R C N I O S H I Y J D
I A S H O B T L A T F J
M M I C K E Y M O U S E
A A S S E D Z F Q N Q R
F L I N T S T O N E S R
S K R A P H T U O S Z Y
```

BOB'S BURGERS	JETSONS	SCOOBY DOO
DARIA	LOONEY TUNES	SIMPSONS
FAMILY GUY	MICKEY MOUSE	SOUTH PARK
FLINTSTONES	PEPPA PIG	TOM AND JERRY
FUTURAMA	POPEYE	YOGI BEAR

SOLUTION ON PAGE 273

PARIS LANDMARKS

```
F  T  U  M  J  B  S  P  M  B  C  F
D  P  Y  M  T  E  Z  W  L  A  O  A
M  R  A  O  I  A  O  L  S  S  F  R
U  R  L  N  C  F  W  P  B  T  X  C
S  U  E  T  T  O  Z  M  U  I  W  D
E  E  S  M  J  H  O  M  L  L  T  E
E  O  I  A  A  C  E  O  T  L  U  T
D  C  N  R  A  D  U  O  I  E  F  R
O  E  V  T  E  V  E  B  N  U  H  I
R  R  A  R  R  L  X  R  E  G  S  O
S  C  L  E  P  R  I  N  T  I  Y  M
A  A  I  O  Z  A  T  U  V  O  K  P
Y  S  D  T  K  N  I  K  T  I  N  H
Z  R  E  W  O  T  L  E  F  F  I  E
F  Z  S  P  O  M  P  I  D  O  U  R
```

ARC DE TRIOMPHE   LOUVRE   POMPIDOU

BASTILLE   MONTMARTRE   PONT NEUF

CATACOMBS   MUSEE D'ORSAY   SACRE-COEUR

EIFFEL TOWER   NOTRE-DAME   SEINE

LES INVALIDES   PANTHEON   TUILERIES

```
U H E N Y Q B H Y R J D
R I X X K O R Z H X G A
E B F R S H C A F L O C
D O X C J G I F Z L B C
A N O O T E D O O T R A
V E V H L Z D S H R U B
H K K G I G N I W X C W
T N W Z G A Q A E Z A E
R A T S H T A E D C L H
A W Z Z T V P K V O Z C
D I B I S Q A U Z F Y I
K B Y I A A W L B A F H
O O Z C B O B A F E T T
J O W G E O U F Y B J X
P I W E R O T N U L K E
```

ARTOO-DETOO

BOBA FETT

CHEWBACCA

DARTH VADER

DEATH STAR

EWOK

FORCE

HAN SOLO

JEDI

LEIA

LIGHTSABER

LUKE

OBI-WAN KENOBI

X-WING

YODA

SOLUTION ON PAGE 273

```
E  B  L  S  E  U  N  A  M  E  D  V
L  A  I  R  A  H  G  H  S  Q  A  J
I  M  S  E  W  G  W  I  R  N  E  V
D  L  Q  T  Z  N  O  U  O  M  H  H
O  H  D  S  X  T  O  E  K  H  R  Z
C  S  O  N  R  N  L  R  C  R  E  C
O  F  Z  O  H  E  K  I  E  M  P  I
R  W  T  M  M  D  N  P  G  K  P  Y
C  Q  O  A  L  L  I  G  A  T  O  R
G  R  H  L  R  V  K  G  U  K  C  N
C  C  E  I  A  W  S  R  U  W  E  A
J  S  N  G  F  B  T  A  E  A  M  M
W  H  I  V  H  L  M  U  W  N  N  I
W  O  W  U  E  T  U  A  T  A  R  A
W  F  T  T  R  F  G  X  M  E  I  C
```

ALLIGATOR   GECKO   SKINK

CAIMAN   GHARIAL   TORTOISE

CHAMELEON   GILA MONSTER   TUATARA

COPPERHEAD   IGUANA   TURTLE

CROCODILE   MAMBA   VIPER

AT THE GYM

```
K I H V T L U P V S B A
S L L E B R A B Y G N K
X L L W T E V E S U P I
E I J R W L L P A Y U L
K M C A B L E S P R L L
I D L A U O J Q L A L E
B A G P O R A U B B U W
E E Z A L M H A G C P O
S R O Z Q A G T U I B T
I T O H Y O T R E P A B
C M H P Y F T A X M R B
R C D G B E N C H Y W U
E E G H I X V K I L N D
X H T X Y E N V S O K H
E B R V D S W L R Z W G
```

BARBELLS	MAT	SQUAT RACK
BENCH	OLYMPIC BAR	TOWEL
CABLES	PULLEYS	TREADMILL
EXERCISE BIKE	PULLUP BAR	WEIGHTS
FOAM ROLLER	SAUNA	YOGA BALL

 SOLUTION ON PAGE 274

MOVIE DOGS

```
W V B E M P T B T W D D
H K E I X O T B E N J I
I R E G U Y J O U T O T
T O T G Y Y A N T B J Y
E R H U O E U J R O U O
F A O A L J L U G N C H
A V V I D A I R A M R D
N R E G Y S D Y A H N T
G A N X E H E Y O M D P
I Y M R L A U W N U V E
P P B J L R E T X A B R
X M O D E H C O O H A D
M S A N R S R V M I E I
Z F G R G L R P Q M B T
X S Y Z T O O S V P K A
```

BAXTER   HOOCH   PONGO

BEETHOVEN   LADY   TOTO

BENJI   MARLEY   TRAMP

BRUISER   OLD YELLER   UGGIE

CUJO   PERDITA   WHITE FANG

```
R J D Q B C U P G B Q M
V W O Q O V E J C F H H
S Q W O D S E L R I Q B
O P J C A L R C S L L G
H R A I N B O W J I H K
O E K I R A A H Z M U X
G W N S O P M Z H J R S
W O N S T D A Y H D R V
C H F A H R E N H E I T
I S S R D K R G D W C F
S D L V O F T R R K A D
T E Z E L S S M C E N B
E Q X U E U T Q X B E Z
N P R R E T E M O R A B
Q G H B H S J M C I N T
```

BAROMETER	FAHRENHEIT	RAINBOW
BLIZZARD	FOG	SHOWER
CELSIUS	FROST	SLEET
DEGREE	HURRICANE	SNOW
EL NINO	JET STREAM	TORNADO

THINGS IN A HOTEL ROOM

```
W D P F U Y B O S T R N
J S V G U V I D E S K J
T W P A C R E W O H S E
Z O M K O B N C G B E V
Q Z I N F D I I Q T H M
U D G L F R Z B T W A H
P H O N E I V A L U I N
Z D A P E T O N P E R Q
K L R I M P R K V F D E
D U A L A L D I X A R Q
I O B L K E D E E S Y I
B W I O E B U J P S E Z
F N N W R I D N G D R A
N O I S I V E L E T A E
Q V M F K B N G C T K N
```

BEDS	HAIRDRYER	PILLOWS
BIBLE	IRON	SAFE
COFFEE MAKER	MINI BAR	SHOWER CAP
DESK	NOTEPAD	TELEVISION
FURNITURE	PHONE	TOILETRIES

SOLUTION ON PAGE 274

```
O  I  H  S  I  B  U  S  T  I  M  B
B  X  C  B  V  A  G  G  Y  A  Q  I
B  S  A  D  O  O  D  M  J  S  H  U
Z  R  D  I  L  F  Q  N  X  S  T  T
S  O  I  E  K  M  J  J  U  F  D  H
T  T  L  R  S  O  A  Q  O  Y  O  C
G  O  L  M  W  A  Y  R  T  C  H  U
F  M  A  M  A  Z  D  A  O  R  Q  D
S  L  C  R  G  S  Z  N  Y  A  T  B
U  A  L  S  E  T  E  S  O  L  N  L
L  R  F  E  N  N  L  R  T  H  A  C
G  E  J  K  V  E  A  R  A  V  S  Y
I  N  F  U  R  R  T  U  J  T  S  Q
M  E  R  G  H  F  A  I  L  E  I  V
B  G  O  T  K  R  X  A  Q  T  N  A
```

CADILLAC	HYUNDAI	NISSAN
CHRYSLER	KIA	RENAULT
FORD	MASERATI	TESLA
GENERAL MOTORS	MAZDA	TOYOTA
HONDA	MITSUBISHI	VOLKSWAGEN

SOLUTION ON PAGE 275

```
F Q X S X K B O D F H T
Z W L H A Z E L N U T O
I T N R O G F D S Z W E
S S U Y H N H E P F T T
M K G N H O G E B X U A
A L K Z L J C S T N F L
C I O A C A R A D S U
A Z I L N R W E H S A C
D A H M L R P W K R D N
A R C O C U W O A U Y Z
M B A N J K Y L P Q Q E
I S T D P Q J F H F G Z
A Z S Q E U S N L N M H
E O I F I C U U G I X C
O L P F D E E S X A L F
```

ALMOND	FLAXSEED	PEANUT
BRAZIL	HAZELNUT	PECAN
CACAO	KARUKA	PISTACHIO
CASHEW	KURRAJONG	SUNFLOWER SEED
CEDAR	MACADAMIA	WALNUT

```
I  U  B  R  J  S  B  Y  K  Y  C  Q
S  X  C  E  H  B  V  U  S  A  A  O
S  L  H  H  A  L  E  P  P  A  R  N
A  X  I  C  Q  P  F  C  N  J  A  H
Y  U  M  N  J  K  V  G  G  P  B  M
C  Q  N  I  G  K  A  X  P  C  I  F
C  Z  E  P  O  R  G  R  T  F  N  Q
L  M  Y  N  C  V  O  B  W  I  E  N
E  B  Q  V  I  A  E  S  I  S  R  T
R  C  D  Z  C  L  D  R  R  T  X  M
R  N  X  H  A  S  K  E  H  J  M  R
F  R  X  Y  E  P  V  C  H  A  L  K
S  S  E  N  R  A  H  X  A  M  N  Y
N  M  X  N  R  K  H  T  S  L  Q  G
G  N  W  T  R  J  T  A  F  S  S  Q
```

APPROACH	CRAG	RAPPEL
BELAY	FIST JAM	ROPE
CARABINER	HARNESS	SLACK LINE
CHALK	OVERHANG	SLING
CHIMNEY	PINCHER	TRAVERSE

SOLUTION ON PAGE 275

PETS

```
I X D T E T O X F T A D
K M R H L H A P V N L J
P E A A C A P L A C N N
K S Z I C C Y U N K F L
G U I A D Y G I N B E B
G O L D F I S H B E Q S
U M E V S L D C T K V Y
I O C C A T I B B A R H
N L U B A E J D Q N D U
E S I O T R O T A S U V
A S V P T R M P V T P R
P A R A K E E T B B E G
I F D O G F U D F H H Q
G E T F H A M S T E R M
D B C P E S D C X U U L
```

ALPACA	GUINEA PIG	MOUSE
CAT	HAMSTER	PARAKEET
DOG	HORSE	RABBIT
FERRET	IGUANA	SNAKE
GOLDFISH	LIZARD	TORTOISE

```
N M G Y S T U H B C Z D
B Q M K H O S T I L E O
E B M P X B R U Q S Z J
E C H K I O X Z U E I O
S G N I G N O L E B K K
W B W N V N L O N E L Y
A C A S T I G A T E I S
T L D R K B F D L K M P
C Q M C E Y O D R F M E
H P I T O F N J C M I Q
D X R Q R I A P G I K I
O X A A W U J C J O S D
G J B D S S E L E S A B
Y A L P R I A F D D X N
O V E R B L O W N N O Q
```

ADMIRABLE	CLANGOR	ILL USED
BAREFACED	DAWN	LONELY
BASELESS	DWINDLE	OVERBLOWN
BELONGINGS	FAIR PLAY	SKIM MILK
CASTIGATE	HOSTILE	WATCHDOG

 SOLUTION ON PAGE 276

```
E L O M P D Y V C D H Q
M J X L W R F Q W F Q W
E S O D M A C A Q U E M
E G K K U L O J P R A A
R Q S N N L C Z I N L R
K K U G T A I I D K N G
A U M N J M A R D E M A
T K J U A G I C S E A Y
E H A Q C L D O S N N T
S I Y G L E O E R H A O
O M B G K G T T I O T M
M A O V N L I L Y R E R
R S D O A X J S K O E A
A S M M S M A G P I E M
M Q F M J E T J S Z Z M
```

MACAQUE	MANDRILL	MOLE
MAGPIE	MARGAY	MONGOOSE
MALLARD	MARMOSET	MOOSE
MALTESE	MARMOT	MUNTJAC
MANATEE	MEERKAT	MUSKOX

```
P E N C L S O C C E R Y
A D R K G N I L W O B F
B N H A N P G N Y F P Z
A I P Q U M A E N I F G
S B M S Y Q S G N E O D
K I Z U N S S G I L T M
E L E J O J P R F D L O
T L P R L O H G U H L H
B I C X N S E C C O B F
A A R G A F O R P C F P
L R O U H B I R P K R E
L D Q C K C E J L E W C
N S U U K T Z J N Y G M
C V E E A R F X I G H V
Z W T W A D S E Q E A T
```

BASKETBALL   CROQUET   PING PONG

BILLIARDS   FIELD HOCKEY   SOCCER

BOCCE   FOUR SQUARE   SQUASH

BOWLING   GOLF   TENNIS

CRICKET   LACROSSE   WATER POLO

```
F Q J C M A H X M F X X
H X C U A E R C I Z N U
B R A G S P H U S J S T
L W D R E E A G Z Y I R
A B M A R P Q C F P O F
C A I O G A A C H U U F
K W K M J K R N L E Q F
F E I H O A A S E B O X
E P G M A T V Y I L R P
E P P A H I A A W O I K
T I C G S Z Y W N M U N
R H Q C H O C T A W V X
U C W Z D J Y X F T G T
L V J A Z N A C I H O M
I O E K Y H N Q L M U P
```

APACHE   IROQUOIS   OSAGE

BLACKFEET   KIOWA   PIMA

CHEROKEE   LENAPE   POTAWATOMI

CHIPPEWA   MOHICAN   PUEBLO

CHOCTAW   NAVAJO   SIOUX

SHADES OF YELLOW

```
W  P  D  A  G  P  H  Q  T  M  H  Z
K  B  F  M  O  Y  H  D  B  R  B  U
B  U  M  B  L  E  B  E  E  S  T  L
M  J  E  E  D  N  W  U  A  Z  S  M
U  L  M  R  E  O  Q  F  T  V  N  H
I  O  U  U  N  H  F  L  S  T  Q  Z
N  X  S  R  R  R  F  A  B  E  E  L
A  X  T  M  O  P  N  X  N  A  H  R
T  Y  A  D  D  C  I  A  A  H  X
I  V  R  N  E  F  H  C  N  M  A  F
T  S  D  A  T  S  M  A  S  N  Y  Y
I  X  U  L  N  H  N  O  A  W  B  H
I  S  Y  U  U  A  I  O  C  B  H  C
T  Q  S  O  B  I  C  C  X  N  G  R
G  L  X  M  H  Q  P  R  L  T  D  I
```

AMBER	FLAX	SAFFRON
BANANA	GOLDENROD	SAND
BUMBLEBEE	HONEY	SUNSHINE
BUTTER	LEMON	TITANIUM
CANARY	MUSTARD	XANTHIC

SOLUTION ON PAGE 277

FRUITS THAT START WITH THE LETTER "A"

```
Y  W  J  V  U  D  D  I  P  K  G  P
R  U  X  C  N  I  H  A  G  S  C  A
R  D  A  V  C  A  B  C  J  O  J  L
E  T  O  C  I  R  P  A  R  A  Z  A
H  X  U  W  K  Z  C  M  Y  V  Y  P
C  A  A  V  S  E  D  B  L  O  M  P
N  F  Y  O  R  J  E  A  W  C  T  L
A  N  N  O  N  A  M  R  R  A  B  E
C  Y  L  I  M  A  C  E  E  D  F  H
I  A  N  X  N  E  D  L  A  O  Q  Y
R  H  P  A  D  L  T  L  Z  W  Q  O
F  N  T  R  Z  L  P  A  S  G  T  T
A  S  V  K  I  L  V  N  D  D  E  L
U  K  R  Z  L  U  P  W  D  N  B  J
N  I  X  D  D  D  M  R  G  B  Z  J
```

ABIU	AMANATSU	APRIUM
ACAI	AMBARELLA	ARAZA
ACEROLA	ANNONA	ATEMOYA
ACKEE	APPLE	AVOCADO
AFRICAN CHERRY	APRICOT	AYOTE

```
K H O E S R J H I E L N
A X R R L H P R T Y J Z
D B Q A V E Y A I E F L
D Y U C Y O N P K S E P
K R K A L E X Z H W R X
T M E M S T N Q U E K O
A I L A M A U S S C Y Q
G C S B M S P I B A G D
N H X O W S D T I N F E
A E U G A E L Y V I B M
I L L I N O I S R E F O
H L J T N J K S N P Z C
E E Z F O R T Y F O U R
L A C I R O T S I H R A
S I U L Q W Q J T P C T
```

DEMOCRAT	HOPE	OBAMACARE
DREAMS	ILLINOIS	PRESIDENT
FIRST	IVY LEAGUE	SASHA
FORTY-FOUR	MALIA	SENATE
HISTORICAL	MICHELLE	YES WE CAN

BEERS

```
M E A X Z F D T H H M R
A S N S Y A D X E K D H
I B O Q B N S I G A G G
K G R V P H N A E P R Z
X C O X M E B H H E D I
R S C O K U H D B I L J
E S K E S S M S M M A H
S F N C I E L R O Q Z S
I Z H F E R I W I T K W
E P G U A B T S I S I D
W O H C I U R L L B R E
D J M O Y S H M U A I Q
U H Y O P C I A F P N V
B Y E R S H H Q A G U D
M O L S O N W F F S W P
```

ANHEUSER–BUSCH	COORS	HEINEKEN
ASAHI	CORONA	KIRIN
BECK'S	DOGFISH HEAD	MOLSON
BUDWEISER	GOOSE ISLAND	PABST
CARLSBERG	HAMM'S	SCHLITZ

SOLUTION ON PAGE 277

```
C A L N U I F F Y N I Y
S M M Z Q N Z U I J C G
I M O I N L X T T F I A
C Z X Y T O J U I H H R
L Y H C X P B R M L T A
S W B E M B O A E Z O M
S D R T L C O F S S G O
N B Q S K V T R R J N N
A S O W G Y E U E D I D
S H E D I D O T V D L H
L L U W O S U I I J K F
L S B D X N U G N C N D
I C Y O K R I E U L A T
G I Q O M W Y R H B R R
K X G B U L A N W T F Y
```

BEMBO	FRUTIGER	OPTIMA
BODONI	FUTURA	ROCKWELL
DIDOT	GARAMOND	SABON
DIN	GILL SANS	TIMES
FRANKLIN GOTHIC	HELVETICA	UNIVERS

SOLUTION ON PAGE 278

AUSTRALIA

```
A U I N R V T X U J Q Y
F V W D E H P E R T H A
Y H H F N U C O U M B E
P X M I Z O V E L E W A
L C E K C A B T U O E R
A K V D X H A I T K N R
T E A J I S R M S B R E
Y H T N M A K E A R U B
P E G A G W L G O I O N
U T N M M A I E C S B A
S I A D J Y R V D B L C
A J A L Y M A O L A E E
I V R M S S Q D O N M H
T G C H A X W K G E P W
W S E H E B B G X D U L
```

ADELAIDE	GOLD COAST	PERTH
BONDI	KANGAROO	PLATYPUS
BRISBANE	KOALA	SYDNEY
CANBERRA	MELBOURNE	TASMANIA
G'DAY MATE	OUTBACK	VEGEMITE

SOLUTION ON PAGE 278

```
R E C S W A H I L I B X
Q J N Y M O E U D P G T
J A Q T W I L A G N E B
S P A N I S H L A K I H
H A J K P G C J Q N N H
T N G Z N J N A A P D P
U E T V M I E E C U O Y
I S H S I K R U T R N P
B E A S H O F A T T E T
A N Y X K Y W U D N S C
J I Z J V W G F G N I I
N O D O E U C L D B A H
U G U L E T I W A Y N M
P P O S X S X R R B R P
I D E O H P A Y I H P Q
```

ARABIC	INDONESIAN	PUNJABI
BENGALI	JAPANESE	SPANISH
ENGLISH	KOREAN	SWAHILI
FRENCH	MANDARIN	TELUGU
HINDI	PORTUGUESE	TURKISH

```
I  L  I  W  J  I  R  C  G  I  F  G
S  W  Q  U  V  E  H  N  M  R  F  L
C  S  E  I  E  A  O  Z  M  O  L  N
H  C  I  V  N  S  N  G  R  H  T  C
W  W  E  R  E  T  T  D  R  P  R  R
A  S  G  E  R  W  N  A  A  F  E  U
R  I  N  J  H  O  J  W  T  M  H  I
Z  U  H  W  S  O  N  S  X  H  M  S
E  W  S  B  F  D  K  B  X  N  A  E
N  K  I  S  Y  A  Z  F  D  D  E  M
E  G  J  L  E  Y  K  Q  D  L  C  T
G  S  T  A  L  L  O  N  E  W  T  T
G  Y  O  K  W  I  L  Y  I  R  I  S
E  S  V  L  X  S  S  C  G  L  Z  Q
R  M  M  J  O  F  X  Q  V  D  W  H
```

CHAN	LEE	SCHWARZENEGGER
CRUISE	NEESON	STALLONE
EASTWOOD	NORRIS	STATHAM
FORD	REEVES	VAN DAMME
GIBSON	RUSSELL	WILLIS

CARD GAMES

```
G Q I G W M E U D Q E S
E C A E O T G O X Z A O
R V K H E F D M J J Z G
Y M M U R N I G Z E W E
N B Q L K B R S S L R R
F I L Y K Y B O H H Z M
P G N A Y K L H C C A A
E E C E C I X U C O P N
U C N A T K E Q N N I W
Q Z A A N Y J T G I W H
I R I D F A N A F P H I
Z R K A V F S I C O Q S
E R U Z G W L T N K I T
B S F N F S T R A E H D
S T H G I E Y Z A R C Q
```

BEZIQUE

BLACKJACK

BRIDGE

CANASTA

CRAZY EIGHTS

EUCHRE

GERMAN WHIST

GIN RUMMY

GO FISH

HEARTS

NINETY-NINE

PINOCHLE

PIQUET

POKER

SOLITAIRE

SUMMER OLYMPICS

```
L C F R E R F F U I B G
L D K Q D J G J K S C N
N O T N I M D A B B W I
S K T Y T W Y N O L P M
S Y J U N R F C X L T M
C E Q U E S T R I A N I
I S P H J W F C N B H W
T G C H U B A O G Y R S
S R N O D N O W K E A T
A T G I O B D Y S L R E
N W N E C N F T J L G X
M Q I W R N L A Q O L C
Y N V P H I E M L V O E
G O I U N K G F N I S N
V Z D G N I L C Y C Y U
```

ARCHERY   DIVING   JUDO

BADMINTON   EQUESTRIAN   SWIMMING

BOXING   FENCING   TAEKWONDO

CANOEING   GOLF   VOLLEYBALL

CYCLING   GYMNASTICS   WRESTLING

MUSCLES

```
O O M A S S E T E R J G
F N S G A Q S W O O M B
W S P O A P B S X U S S
T I E S E R N V G H U P
D L C C O E H Q L P E F
E A I M T J L P R S L B
L R B U C C I N A T O R
T O U I F A N R R I S A
O T F T F X T A O O D C
I C I L I O P S O A S H
D E V B R E H O F S B I
I P T I Z F E K V B J A
P C U I B G X V Y Y V L
K S U M I S S I T A L I
Y S D L G R A C I L I S
```

BICEPS   GRACILIS   SARTORIUS

BRACHIALIS   ILIOPSOAS   SOLEUS

BUCCINATOR   LATISSIMUS   TENSOR

DELTOID   MASSETER   TRAPEZIUS

DIAPHRAGM   PECTORALIS   TRICEPS

```
J D L A Q X C Z Y H M K
J Y D D O B R M L U G G
Y R O T A V R E S N O C
F E E Q D A A T G D F K
O V Z M G D A F L G C M
Q O U N P R O N A Q A X
F L H I D D E R W V N D
P V P Z P H J E O H D Q
E E I Q C M S U N P L Z
A R Z T C U W M O I E L
C G I T T E L R A C S O
O K N P G Q C H E U T R
C F I R G H I J F N I U
K E K K I T S N R O C W
M W N D N E O B N H K H
```

CANDLESTICK   LEAD PIPE   PLUM

CONSERVATORY   MR. BODDY   REVOLVER

DAGGER   MUSTARD   ROPE

GREEN   ORCHID   SCARLETT

KITCHEN   PEACOCK   WRENCH

FRIENDS

```
K U K B P O J J I W R U
B L G L H K V R K U E C
E O E L O Y F L R O L L
S O Z T E U R T O A D I
K O B Z B B B G Y G N Y
K B S C E N L G W Y A Z
F R B K E Q E A E T H O
K R E P L A R T N E C X
Y R P L O T X E R C O X
Z J O E Y F M K M Y A A
S A P H R T W O R D U K
J S I C R R B B N M L D
Y P O A M R Y P A I S B
N J P R E M M I W H C S
H A A A Y N O T S I N A
```

ANISTON	JOEY	PERRY
APARTMENT	KUDROW	PHOEBE
CENTRAL PERK	LEBLANC	RACHEL
CHANDLER	MONICA	ROSS
COX	NEW YORK	SCHWIMMER

SOLUTION ON PAGE 280

FOREIGN WORDS AND PHRASES

```
K  P  I  R  O  I  R  P  A  I  J  N
A  R  T  L  U  S  U  L  P  E  N  E
Q  O  J  H  V  I  V  S  L  V  C  T
L  B  C  C  M  I  O  H  U  K  G  O
M  O  A  M  N  F  J  L  C  G  H  B
A  N  O  S  A  P  X  U  A  F  O  R
R  O  I  C  K  B  P  U  E  N  I  E
T  T  T  Z  M  N  C  R  M  W  P  V
U  O  E  B  Q  O  I  O  T  O  O  L
M  B  Q  Z  U  O  T  I  G  R  L  N
B  D  Q  R  N  U  U  J  T  S  L  K
R  W  A  E  B  G  V  I  U  R  O  W
I  N  T  I  D  G  H  U  T  S  I  B
T  E  Z  E  I  T  G  E  I  S  T  T
B  O  N  A  F  I  D  E  S  S  I  E
```

A PRIORI	FAUX PAS	MOT JUSTE
AU COURANT	HOI POLLOI	NE PLUS ULTRA
BETE NOIRE	IN SITU	PRO BONO
BON MOT	IPSO FACTO	VERBOTEN
BONA FIDE	MEA CULPA	ZEITGEIST

SOLUTION ON PAGE 280

CELEBRITY CHEFS

```
P Y A M U Y U O T J L J
M B U K Y O Q Y L D D B
I O C H I L D K Z O M S
I U C H W R G F M O O O
P R C P A K E X X W Y K
I D D N O N Y I W Y L Y
R A M S A Y G R F L A B
S I I T N E R U A L E D
E N L P R D O U F O Z M
L A G A S S E L Q H D W
P P M A T S U H I S A K
J G J G R A Y W A V E I
G M P Q C T B Y H B E H
J F R Z N E E D U I I R
S M Z B J M Q N F K C C
```

BATALI	DEEN	LAGASSE
BOURDAIN	FIERI	MATSUHISA
CHANG	FLAY	OLIVER
CHILD	GARTEN	PUCK
DE LAURENTIIS	HOLLYWOOD	RAMSAY

CANDY BARS

```
Y F V E U J H G N L S L
D K W W A U H C P B H T
L P L Y X L G I N L T C
F R D E R Q D C N U U R
R A L M O N D J O Y R S
N B I P N V E F H X Y C
C D Y Z U R Y H B E B N
L O A Z L H W A H I A E
R O W H S T P S D O B B
G G Y L K A R X X Y M T
J R K S T E N I S I A R
K M L W H H A B A K N P
S N I C K E R S T U D J
Z X M S C B I I C K M K
K X C H U N K Y T C S C
```

ALMOND JOY   HERSHEY'S   OH HENRY

BABY RUTH   KIT KAT   PAYDAY

CHUNKY   M AND MS   RAISINETS

CRUNCH   MILKY WAY   SNICKERS

HEATH   MR. GOODBAR   TWIX

SOLUTION ON PAGE 280

PARTS OF THE BODY

```
E J M T E S N M B Y T I
B K R P I S T O M A C H
S S S P P B B J B O G F
N E S I N K W R P V L N
R Y N M Z J P C A U Q Y
S E N I T S E T N I C W
I U D X H N E G A X N G
M G G D V E S Y H I O Z
R N R A A E Y E N D I K
E O H R H L Q F D N F R
D T B U I P B V N E P A
I N K E M S O L P P E X
P L B L Z A L S L P E A
E N V P A N C R E A S W
Z F U N J D N S J T G H
```

APPENDIX   GALLBLADDER   PLEURA

BRAIN   INTESTINES   SPINE

EPIDERMIS   KIDNEY   SPLEEN

ESOPHAGUS   LUNGS   STOMACH

EYES   PANCREAS   TONGUE

EMOTIONS

```
U B T P V T S U G S I D
K R O R R O H B N S C A
E A W K W A R D N E S S
S E M Y Y Y G B M N Y L
A F X U R V G O L M Z K
T B Q C S N D Q S L T I
I A N X I E T Y R A G S
S U I V R T M W Y C A C
F I A O U P E E Y D A Y
A R B L A W K M N Q C D
C Q N T N V S E E T S P
T P H N O I S U F N O C
I Y U G E S M F G A T T
O S A U D Q R K A W R K
N X H A H R U G W J M K
```

AMUSEMENT	CONFUSION	FEAR
ANXIETY	CRAVING	HORROR
AWKWARDNESS	DISGUST	SADNESS
BOREDOM	ENVY	SATISFACTION
CALMNESS	EXCITEMENT	SYMPATHY

SCHOOL SUBJECTS

```
W  H  M  S  P  A  N  I  S  H  J  S
P  H  T  T  U  H  C  N  E  R  F  U
M  Y  A  A  A  L  Y  V  Q  X  B  B
K  R  O  T  L  F  U  S  V  J  X  G
C  T  I  I  G  Y  M  C  I  C  S  E
K  E  N  S  E  E  L  H  L  C  P  O
H  M  A  T  B  V  O  E  I  A  S  G
H  O  A  I  R  G  M  M  T  R  C  R
J  N  F  C  A  Q  O  I  E  T  J  A
L  O  Z  S  J  N  P  S  R  T  D  P
Y  G  O  L  O  I  B  T  A  T  R  H
J  I  Q  C  V  I  Y  R  T  D  S  Y
K  R  E  A  J  S  D  Y  U  X  N  S
C  T  O  Q  V  U  J  J  R  E  U  A
Y  B  V  T  C  J  F  X  E  T  K  T
```

ALGEBRA	ECONOMICS	LITERATURE
ART	FRENCH	PHYSICS
BIOLOGY	GEOGRAPHY	SPANISH
CALCULUS	GEOMETRY	STATISTICS
CHEMISTRY	GYM	TRIGONOMETRY

SOLUTION ON PAGE 281

MAKEUP

```
Y V M R W M A S C A R A
A Y W O D A H S E Y E C
R R Q U V K X D W N L A
P E Z G X C R E D O A R
S Z M E P I W L X I E G
G N I I B T M Z D T C U
N O P X R S P I H A N A
I R L G A P W G K D O Y
T B J F O I I G E N C R
T K A J A L P B L U S H
E A R P H C O N T O U R
S K N G R U Z M H F S E
N A I L P O L I S H M S
K H P T E E H W E Y Z W
S A O Q Q B T M I M B T
```

BLUSH

BRONZER

CONCEALER

CONTOUR

EYE SHADOW

FOUNDATION

GLOSS

HIGHLIGHTER

KAJAL

LIPSTICK

MASCARA

NAIL POLISH

PRIMER

ROUGE

SETTING SPRAY

PARTS OF A BIKE

```
V V V S W S T O U O M I
S P O K E S H A X M R H
T S A K Z E X S D H A S
T Q A M Q T P P Y N K R
N R I E N U G I D R N E
B R N O L W Q L Y I A T
T U T P O D E C N M R F
S E T O P B D F Q S C I
O L H E A C M A R O T H
P L F R S N K E S I P S
T I P X W N P G R E H K
A A M H V I I E D A G K
E R E G L I E A D K D Y
S E G A A P L R H H V T
L D C H F S J L S C V X
```

BRAKES	DERAILLEUR	SEATPOST
CALIPERS	HANDLEBAR	SHIFTERS
CHAINSET	PEDALS	SPOKES
CLIPS	RIMS	TIRE
CRANK ARM	SADDLE	WHEEL

SOLUTION ON PAGE 282

FICTIONAL PRESIDENTS

```
Y F D J P L O T H W O Z
K E A C S H E P H E R D
G I L L I A M I H I N V
X V T F R V T G L X Z X
P N O M F M O F I M Q Q
E A N B O U V K I Z J W
N O L R W N M E Y E R E
J K E M L D A N J N S D
X E Y I E E R B U S M Y
O P Y M R R S A N T O S
N E K L A W H R W J T Z
B D L V Z O A T H M Z Z
T F Y I Q O L L N I S Y
G I W O R D L E V A N S
W Z E U R V D T S C H A
```

BARTLET   KOVIC   SANTOS

DALTON   MARSHALL   SHEPHERD

EVANS   MEYER   UNDERWOOD

FOWLER   MUFFLEY   WALKEN

GILLIAM   PALMER   WHITMORE

```
C C K V D V O L F V C G
N W J L L G V F E U E X
G A B H S E M P J X U D
M A U Y V R W M H E M D
O V T Z R N T O H S F S
Y R T F R E E S T Y L E
N X E G P K P R Z D I L
D W R M F O N A C A P G
I M F X I R O H T B T G
V S L V N T P L V G U O
W K Y Q S S E T L V R G
E C L D K K A H W O N R
P O F F I C I A L Z V E
X L E F L A G S B F L G
H B L B J B J D H J V H
```

BACKSTROKE	FLAGS	OFFICIAL
BLOCKS	FLIP TURN	POOL
BUTTERFLY	FREESTYLE	TAPER
CAP	GOGGLES	TIMER
FINS	MESH BAG	TOWEL

CHEESES

```
E R V E H C O L B Y S I
I P T H F Z H L K L W V
I E H R B K E E O M K P
X V G G O M W Q D I X T
O R O R F F Q T L D F F
V R U Q U U E T M Q A A
T Q D E V Y I U B L L R
U N A Z U L E T Q V L X
J A G H S N A R F O E A
S S I W S Z I G E I R B
M E H T R I C O T T A C
M M E I T R A V A H Z C
J R B H U Q E N U A Z V
F A A L O Z N O G R O G
X P I L D A D X I G M N
```

BRIE	GORGONZOLA	MUENSTER
CHEDDAR	GOUDA	PARMESAN
CHEVRE	GRUYERE	RICOTTA
COLBY	HAVARTI	ROQUEFORT
FETA	MOZZARELLA	SWISS

COLLECTIVE NAMES FOR ANIMALS

```
D P E K C B L P V V P A
Y L R N C X V G Y T U F
J N O I T A C O V N O C
K Q T E D G P X K E B L
G L R V H E A I R M Y Q
N S S U W S N G U A U K
D S H D Y D U R G I T U
E G Y R N N D B V L Z E
Q M V E E E O D M R E X
N A S H R W V L O A X V
X S W V Y X D T O P C G
Y C A R I P S N O C A V
Y C R A N U T Z E O S C
Z J M E L O O H C S I I
R E R P A Z N T M R S J
```

AMBUSH	HERD	PRIDE
COLONY	MURDER	SCHOOL
CONSPIRACY	PACK	SHREWDNESS
CONVOCATION	PARLIAMENT	SWARM
GAGGLE	POD	UNKINDNESS

SOLUTION ON PAGE 283

THE SIMPSONS

```
L L I S A L R C K R W G
F H T W Y P Y R M C A J
M A Y O R Q U I M B Y A
U K P S A S G C I O L U
G A W G T U K L K T O O
G L X Y K U O Y R T N E
I S A C Q Z O A E O S J
W Y S N R U B R M M M X
F Z Z G L P C Y O A I S
E S U O H L I M H N T J
I E S K D Q M A V N H O
H O M R S J O R W Q E C
C M V W K R C G Q K R L
B O B W O H S E D I S Q
I Q S M H N S E F T I X
```

APU	KRUSTY	MOE SZYSLAK
BART	LISA	MR. BURNS
CHIEF WIGGUM	MARGE	OTTO MANN
COMIC BOOK GUY	MAYOR QUIMBY	SIDESHOW BOB
HOMER	MILHOUSE	WAYLON SMITHERS

```
D S U O C T K L D J T L
U S P E X E S H O P S O
T C S E C U R I T Y N R
Y A O F J Q R H X L G T
F R E E W I F I U A S N
R O E T W L R G T N T O
E U B V C V G E Z I N C
E S V S O A S K C M A T
S E R I G M S H G R R R
C L T E X R E A M E U O
W Q E E H C U L M T A P
D S D T K U F V P T T S
T M G I O D T T Z O S S
J T N V N H C F K N E A
E P F M X U O L U Z R P
```

ATM	GATES	RESTAURANTS
CAROUSEL	HOTELS	SECURITY
CHECK IN	LUGGAGE	SHOPS
DUTY FREE	PASSPORT CONTROL	TAXIS
FREE WIFI	PEOPLE MOVER	TERMINAL

SOLUTION ON PAGE 283

ROMAN LANDMARKS

```
S Q E T S E D A L L I V
R M H M J S R M L E X B
E S C M U A Y R I P E M
T P I S P R C Q H A Y A
E A R A B A O B E H B S
P N C D Q M L F N C H G
T I U C L V O E I E C T
S S S I A G S C T N U S
E H M V V T S R A I H A
L S A F A S E F L T X J
F T X R T V U I A S A L
F E I F I Y M B P I R C
A P M W C F Z P A S W K
Y S U P A N T H E O N C
J S S H N R R Q H D O C
```

ARA PACIS	FORUM	SPANISH STEPS
BATHS	PALATINE HILL	ST. PETERS
CATACOMBS	PANTHEON	TREVI
CIRCUS MAXIMUS	PIETA	VATICAN
COLOSSEUM	SISTINE CHAPEL	VILLA D'ESTE

RUM DRINKS

```
A D A L O C A N I P E E
B T D C Y I I R N L L V
C K H S M D A O Z A P A
R C U K R R T Z G N R P
V A R M O J I T O T E B
I H R K T W A F S E S C
T N I D S R M H R R I A
D I C F N W R B A S D B
M R A O K K I U P P E L
P I N L R L W S N U N E
F P E Z A N D Z Y N T C
W I C B D U N A Y C E A
M A U N T C M O C H C R
Z C Z I R I U Q I A D U
M P P A I N K I L L E R
```

CABLE CAR

CAIPIRINHA

CORN 'N' OIL

CUBA LIBRE

DAIQUIRI

DARK 'N' STORMY

EL PRESIDENTE

HURRICANE

MAI TAI

MOJITO

PAINKILLER

PINA COLADA

PLANTER'S PUNCH

RUNNER

SWIZZLE

```
L G G B R O W N S V L W
R V B M R P Q F U S P E
V P E K S O E A L H M E
W C A R D I N A L S Z H
N O R N H K G C I H X L
Z L S C T N M D O N R A
E T O H E H Y F N S A K
Z S S B U N E K S V V X
N R N Z Z U Z R K E E I
E A L O B I L L S O N Q
L U L N C O W B O Y S I
F G W F E L Q M C H Q X
P A T V Z P A C K E R S
S J E Y A D R F P R O M
E Y X V V U S C T B R W
```

BEARS	CARDINALS	JAGUARS
BENGALS	CHIEFS	LIONS
BILLS	COLTS	PACKERS
BRONCOS	COWBOYS	PANTHERS
BROWNS	FALCONS	RAVENS

```
T F O Q H V C N G F I H
Y S R E E N A C C U B E
A K A U Z O L Q S T W W
R W D I N S G T R W I I
D A S G N I K I V R U R
D H R A A T D I C C X S
T A X N C Z S H F W N A
Z E T S F T A G K I P V
T S F T R R E F H K A J
I K R G G E Z P O J T D
T M W E A G L E S Q R V
A Q R C D O P E U E I L
N S J D D I I D E E O R
S T E J H D A P U T T Q
H A S B Q G G R A M S H
```

BUCCANEERS	JETS	SEAHAWKS
CHARGERS	PATRIOTS	STEELERS
DOLPHINS	RAIDERS	TEXANS
EAGLES	RAMS	TITANS
GIANTS	SAINTS	VIKINGS

ANNIVERSARY GIFTS

```
V  S  I  B  H  L  E  A  T  H  E  R
U  L  R  W  A  C  Q  R  R  A  U  B
O  W  T  C  S  R  E  W  O  L  F  H
C  A  E  K  F  P  O  N  K  U  C  X
M  N  G  C  O  Z  L  I  A  M  Q  B
O  O  C  Z  W  Y  R  O  V  I  M  W
I  T  O  S  T  E  E  L  I  N  E  N
X  T  P  Z  A  Z  L  L  W  U  Y  W
X  O  P  O  L  G  D  I  T  M  U  Y
X  C  E  J  Y  A  L  P  Y  F  S  Z
C  N  R  P  X  L  T  K  A  I  N  J
N  G  C  H  O  S  H  S  R  P  H  Q
D  O  O  W  I  P  B  O  Y  Y  E  Y
Z  R  U  A  A  E  N  E  S  R  T  R
A  K  D  L  B  R  O  N  Z  E  C  W
```

ALUMINUM	FLOWERS	LINEN
BRONZE	IRON	PAPER
COPPER	IVORY	STEEL
COTTON	LACE	WILLOW
CRYSTAL	LEATHER	WOOD

```
G L C O G I T R E V B N
V N V S A B O T E U R I
R A Z Z L W P M B N Y U
S M E I N R A M U R H X
I G O I U C Z L V E Z Z
X N L H B L A B N A F A
E O T D C T A O L R B C
F R E N Z Y T J L W L C
A W M L E O S I F I A E
L R L L R R F P F N C B
K V E I O E O I U D K E
Z B O D B D R Q U O M R
M U C O R Q G O U W A A
S S A T F U H E P D I G
G T E E W U M H R E L D
```

BLACKMAIL	MURDER	ROPE
FRENZY	NOTORIOUS	SABOTEUR
LIFEBOAT	PSYCHO	TOPAZ
LODGER	REAR WINDOW	VERTIGO
MARNIE	REBECCA	WRONG MAN

NAMES OF AUGUSTA NATIONAL'S HOLES

```
Z Y L L O H F A C Y Q R
A E V I L O A E T R W I
I K C I T G D L C R H F
L B A S N O H A E E I E
O A M P R L H Z J H T S
N F E X E D F A R C E E
G I L K P E Q E M A D N
A R L T I N D N V N O I
M E I M N B J A T I G H
O T A Y U E E N O L W C
J H R D J L B D U O O Q
O O A H A L C I R R O N
B R I I H X R N B A D U
G N D P A M P A S C G J
E D O O W G O D K N I P
```

AZALEA	GOLDEN BELL	PAMPAS
CAMELLIA	HOLLY	PINK DOGWOOD
CAROLINA CHERRY	JUNIPER	REDBUD
CHINESE FIR	MAGNOLIA	TEA OLIVE
FIRETHORN	NANDINA	WHITE DOGWOOD

GANGSTERS

```
T O S D U Q M K P M R L
R K J O Q F E K X I Q A
R M R N B B B F S H H Y
D X I A T L L I H A L R
X K T I Y B E Z X R A E
Y J T C G G C T M B L G
I C O U E T K Y O I A N
R E G L U B D C C Y W I
R B G J L K S P W D Q L
F R A N Z E S E G I A L
O N M R B L T X T S V I
S V B F P L F S K S G D
P W I F K Y C I O A S B
R B N H E N O P A C W P
L B O P X W P C Y P H I
```

BULGER	ESCOBAR	IBRAHIM
CAPONE	FRANZESE	KELLY
CASSIDY	GAMBINO	KRAY
COSTELLO	GOTTI	LUCIANO
DILLINGER	HILL	SIEGEL

SOLUTION ON PAGE 285

```
E Q D B E R L F U O P J
N W Q P A S N E E U Q Y
O O Q B T P O Q X S D Z
M R A W S T I N G O S P
O K Z Z Q C T A Q R X M
R E M G D D A K R O M R
E R Z R P K D O C Y E L
H C O M B H N U E A E Z
P N K A P R U N E L B Q
E S I L O P O R P J W C
K V S N X H F O G E O C
O D D X I H Y J D L J Y
U R I V W T D Q O L D K
N B E I I U A N C Y H N
Y W U G T P Y Z Z E U I
```

APIARY	FOUNDATION	QUEEN
BROOD	HIVE	ROYAL JELLY
COLONY	HONEY	STING
COMB	PHEROMONE	SWARM
DRONE	PROPOLIS	WORKER

CONSTRUCTION SITE

```
O S T E A M R O L L E R
F N E T Z I J L V Q E E
T H M S A W D U S T G Z
M P L O I L W O O Y V O
C T E P L Y W O O D Q D
I E H E W J F Z N A R L
H T M T L N Z A S E B L
Y E J E E A S Y M O P U
Y M V R N G M M B D S B
R E H C L T A B C Y D S
L Y X N N H M H M E O A
J H O O K U X I N C L J
Q P K C L D S A X W S D
S T A P D O R L E E T S
D J W I Q C R S H Y R N
```

BULLDOZER	HELMET	PLYWOOD
CEMENT MIXER	HOOK	SAND
CONCRETE POST	JACKHAMMER	SAWDUST
CRANE	LEVEL	STEAMROLLER
FOOTER	PLUMB BOB	STEEL ROD

SOLUTION ON PAGE 286

SHOES

```
S M O C C A S I N S H J
E N J E B O F T P E M X
H X Y B V O C O F E K E
S U C I U S L A D N A S
O H A Y X F E N L R L P
L V M R P W A H T E O A
A J H I A N T H E F G D
G W L E U C S H M S P R
J F Q B U H H B T L Y I
G P C L O G S E K I I L
C C D E I G M A S P P L
C R S H U C T J C P C E
B O O T S R E K A E N S
S C J X H J M S K R S H
E S D R O F X O L S P M
```

MODERN ARTISTS

```
Z O L O S S A C I P X X
A S R L I H L Q N J U N
P M A H C U D Y R R Z L
K L L A A Y E A M D A J
A G E K B P K H L H Z G
N A I R D N O M S I N A
D V Y P A C O L T G E U
I D H P K K N A L L B O
N S C N E L I I H O K Y
S H E E X U N Q R H C S
K Y F C Q V G I T R L K
Y F A S Y E M O C A X N
E M A F J C R R X W F A
N B D J E N F T Q A R B
P A P Q U E U S W D X I
```

BANKSY HOCKNEY O'KEEFFE

BASQUIAT KAHLO PICASSO

DALI KANDINSKY POLLOCK

DE KOONING MIRO ROTHKO

DUCHAMP MONDRIAN WARHOL

SOLUTION ON PAGE 286

```
H K Y R G C Z N U Q R F
N L Q O A X I P S I R C
C A P N C R U N C H I O
O I R F M N T L D S C R
C C O B K K A E A E N
O E L J N Q S W M K K F
A P L G X I J S Y Y R L
P S U B O I S E X O I A
U E C H E E R I O S S K
F V H G T U K T A U P E
F Z S N Q T L A A R I S
S K W T Q O G E C Z E M
X B I K O O F H K W S Q
N X J P E I E W X Y K U
J F S P L X G Q D H X X
```

CAP'N CRUNCH	CRISPIX	RAISIN BRAN
CHEERIOS	FROOT LOOPS	RICE KRISPIES
CHEX	KASHI	SPECIAL K
COCOA PUFFS	KIX	TRIX
CORN FLAKES	LIFE	WHEATIES

ARCHITECTURE

```
K S U H S I H N X P A P
Y R N F D W I O B L E U
K E Y S T O N E S D S I
F V N E V T L M A Z G G
R U Q I C L B C G R P K
I O R O N U R P Y M I E
E L C B Y A X D R O G M
Z L L B I V Z G F C R D
E G B J U X P Z L A T A
D A C A N T I L E V E R
Q Q R T G D T D B M U Z
V C G R P P O R T I C O
H H U I X M D R E X I V
T H L U E P H E I S Q D
R G I M Y D A C I C S V
```

ARCADE	CANTILEVER	KEYSTONE
ARCH	DOME	LOUVERS
ATRIUM	DORIC	MEZZANINE
BELFRY	FRIEZE	PORTICO
BUTTRESS	GABLE	VAULT

```
Z  O  Y  P  P  M  Y  N  S  I  G  X
R  G  H  H  S  L  R  N  W  M  Y  E
O  L  Z  O  H  Q  K  E  A  Y  V  Q
N  I  T  P  P  O  X  G  P  E  Z  Z
D  S  J  M  I  Z  L  J  L  P  R  P
D  S  T  G  W  N  A  E  A  M  E  M
E  A  A  A  L  J  R  X  F  Q  T  F
J  D  M  C  H  T  A  X  C  G  T  R
A  E  I  F  C  C  B  B  D  U  E  A
M  S  N  Z  S  R  E  G  A  Z  U  P
B  S  T  B  U  Z  S  D  F  R  O  P
E  A  J  I  A  T  Q  T  S  I  R  E
B  H  R  E  O  S  U  T  N  A  I  E
R  C  O  N  T  R  E  T  E  M  P  S
J  F  T  A  T  E  E  K  V  X  M  I
```

ADAGIO	EN BAS	PIROUETTE
ARABESQUE	FRAPPE	POINTE
BARRE	GLISSADE	RELEVE
CHASSE	JETE	ROND DE JAMBE
CONTRETEMPS	PAS DE CHAT	TUTU

SOLUTION ON PAGE 287

FENCING

```
R Y Z E N B K T R X D O
L T O U C H E E A T S D
T I D E K C A T T A I P
N W O C N A J S Y C B K
E I A F R G I I L O X A
M E E P E Y A P B U R R
E C P C J C A R X P I T
G Q A M E R S J D E P S
A Z M Y R O T A E E O E
G B F Y G I E J B T S L
N D J Z M S K N S R T A
E Y F N M E C A F L E B
S S S M H R A Z W Z U F
I Q K Y J D J W V V F T
D H T H R U S T F D E C
```

ATTACK

BALESTRA

COUPE

CROISE

DISENGAGEMENT

EN GARDE

EPEE

FOIL

JACKET

PARRY

PISTE

RIPOSTE

SABRE

THRUST

TOUCHE

```
R E E D A G A M A N E C
G A A K J N F G E F B G
N D L S A H O S S Y R J
O P U E D R D J P X R Z
R Z I A I N D J M V S L
T H Z C U G F J N E U Z
S E O M A H H A T S B E
M N A K W D L R P P M L
R G U I I L O B M U U C
A H U C E C P F O C L A
H E W G A L Y L J C O N
U E A K D B O R F I C O
P M N S C P R R F H O C
U K H R A B C A B O T H
G G L K Y U R P L V F C
```

AMUNDSEN	CORTES	MAGELLAN
ARMSTRONG	DA GAMA	POLO
CABOT	DRAKE	RALEIGH
CABRAL	ELCANO	VESPUCCI
COLUMBUS	HENRY	ZHENG HE

LANDLOCKED AFRICAN COUNTRIES

```
Q A V J B B U O M C Y G
Y B S O U T H S U D A N
K I U E N T C Y N M E D
H Q K R O Q R C Y S Y I
B N I S K Z N T H M W W
U Y E T H I O P I A V F
A L B S G M N N L L D Y
N Z U E W B K A L I V N
A M R N I A M P F P W I
W D U T B B T R A A J Y
S H N V H W Z I D K S R
T T D A X E B X N U C O
O W I S W M D P A I L O
B I P J A R X C G F R T
U R X Z H K R Z U V N Z
```

BOTSWANA

BURKINA FASO

BURUNDI

CHAD

ESWATINI

ETHIOPIA

LESOTHO

MALAWI

MALI

NIGER

RWANDA

SOUTH SUDAN

UGANDA

ZAMBIA

ZIMBABWE

AIRPORTS

```
D E T S N A T S S T D O
D Z N E V G W Z C K A R
U L S Y F H F T V D V T
L A F D A O I K F Y I A
L I D X L W C A F W D S
E D G S M I N Z M J B C
S R D N W O R H T A E H
D A A T A N A G O L N I
R U A H F H K C M J G P
C G I W O R C O W O U H
H A R R Y R E I D A R O
X L T E N Z Q D V L I L
C Y Y A W D I M C R O P
Y T B I E G Y E I V N N
C A S R W S X O S Z Y R
```

CHANGI

DAVID BEN-GURION

DULLES

GATWICK

HARRY REID

HEATHROW

JFK

JOHN WAYNE

LAGUARDIA

LOGAN

MIDWAY

O'HARE

SCHIPHOL

SEATAC

STANSTED

SOLUTION ON PAGE 288

SECTIONS OF A NEWSPAPER

```
S A C Y L O S R L O N Z
T I K H E A L T H W Q S
N L V Z G Q N Q R W L E
E D U C A T I O N O G G
M L P N P W G D I S P I
E S A Y T U E F E T C S
C M E C N P Z A G R A A
N O E S O R T Z T A N N
U Y M X R L A V L H A F
O L F I F K N A E E E H
N Y O S C F I F M A S R
N A T C A S L S T G C Y
A S S E N I S U B V V Y
E P O C S O R O H I T J
C I Y T Y E N I H H G C
```

ANNOUNCEMENTS   FEATURE   NATIONAL

ARTS   FRONT PAGE   OP–ED

BUSINESS   HEALTH   PUZZLES

COMICS   HOROSCOPE   SPORTS

EDUCATION   LOCAL   WEATHER

SOLUTION ON PAGE 288

FAMOUS ROADS AND STREETS

```
H D U H S A Y T O O Q N
L Q R T D H A E W L O N
L H O O Q J W Q I B C X
H Q T V F G D M R N H X
L P E P P X A U A S A S
A D N A L L O H L U M E
N F E L B B R O O M P V
K I V L N B B L M X S N
W A L M A P E L B B E Y
A S S A I O V Y A E L P
I G E L P N K W R P Y U
F V K L P Y O O D P S O
O R T S A C D O V Q E G
N R W M C E F D R J E U
G R I P O Y B W W H S B
```

ABBEY   CASTRO   MULHOLLAND

APPIAN   CHAMPS-ELYSEES   OXFORD

BEALE   HOLLYWOOD   PALL MALL

BOURBON   LAN KWAI FONG   RODEO

BROADWAY   LOMBARD   VENETO

SOLUTION ON PAGE 288   137

```
F E O B Q C K O M Z W U
X H L Y O G A P A N T S
S T R E P M O R F N S S
N R I Y G A W B X G G E
A I H U G N S F Z W R E
E H A H F Z I T J H N D
J S Y P M U L N S M A L
Y Y U P R Q J A G U G I
N A M O U E H P S S I A
N R A T L P T T S N D T
I B J K Q B L A Z E R K
K M G N Y T N E E I A C
S A Y A W M D W K W C O
J H I T R I H S T Q S C
P C R B Z X L T C P A Q
```

BLAZER	LEGGINGS	SWEATER
BLOUSE	PANTSUIT	SWEATPANTS
CARDIGAN	ROMPER	TANK TOP
CHAMBRAY SHIRT	SKINNY JEANS	T-SHIRT
COCKTAIL DRESS	SKIRT	YOGA PANTS

SOLUTION ON PAGE 289

```
O J O M O X R I D G E R
Z I W A E D N T R W H I
B X Q O Z M H X E P P O
O U M E L A A C J P J D
L V G U M L X S I L M E
J O R E K N E S U W D L
Z L S N U Z S Y N C Y A
D G U F T I K K O R L P
S A D G S Y G L Z Z U L
K I N S X N U Q A Y I A
R A I U O M L M M K O T
Y M L K B G B S A D A A
H S E I N E N F P H Z V
S M A B Z C T O T Q E F
L B Q I L Y L Y C Q G I
```

AMAZON	MEKONG	THAMES
COLUMBIA	MISSISSIPPI	VOLGA
CONGO	NILE	YANGTZE
DANUBE	RIO DE LA PLATA	YELLOW
INDUS	SEINE	ZAMBEZI

SOLUTION ON PAGE 289

TREATY LOCATIONS

```
S A O N W Z S X H U N S
A U I R A E L I O A V M
D J K L G A D X R S A E
K F Y O A A N E A A Z P
O Y O C L H T N S L P U
S Q T G N A P T E L F L
D E O R L L R T Y I X A
L X L L T I Y D S S V D
P V E L C H G E N E V A
A Y B H I F C R I D W U
Y G T J D A B E N R U G
M H T U O M S T R O P X
G E A P F O L R T T O A
D N Y Z P Y V F E W U F
B T H C A M P D A V I D
```

CAMP DAVID	KYOTO	TORDESILLAS
GENEVA	LATERAN	UTRECHT
GHENT	MAASTRICHT	VERSAILLES
GUADALUPE	PARIS	VIENNA
HIDALGO	PORTSMOUTH	WESTPHALIA

AIRLINES

```
M L K U F D A V Y Z F W
J U A I Y Q A Q N R Q V
O F T L W F U N O A U W
C T X D E T I N U S S E
T H N V Y E T S Q P L N
H A L L N I P P O N J D
L N I A E R L I N G U S
N S B R C A L R P R O E
J A U Z F B T I A U Z T
L E C C N R L T T J B A
V I T I D P A H G S Q R
P J H B R Q W N E Y T I
O K A T L E D G C C C M
P X Q Q S U M O L E W E
N H I T I U E A B T N A
```

AER LINGUS   EL AL   LUFTHANSA

AIR FRANCE   EMIRATES   QATAR

ALL NIPPON   FRONTIER   SOUTHWEST

AMERICAN   JETBLUE   SPIRIT

DELTA   KLM   UNITED

TOILETS

```
X L W V I X Y X X Q Q R
C P U Z C V V N W O D B
Y Z A K I S L G Q D J H
X H U R T B F A V A I P
K P P O T H R O N E A E
B H O N F E T E G H D L
D L M T J V Q Q K O L A
K A O F T O Y Q M C A T
R I O U R Y H M A G V R
W G R E K X O N Z K A I
W A T E R C L O S E T N
S E S U O H T U O E O E
O N E K T M E A G S R G
O X R R G P N Z K G Y I
L F T R P I N I M C G W
```

CAN	LATRINE	PRIVY
COMMODE	LAVATORY	RESTROOM
HEAD	LOO	STOOL
JOHN	OUTHOUSE	THRONE
KHAZI	POTTY	WATER CLOSET

SOLUTION ON PAGE 290

THINGS TO PACK

```
G C T L D B Y S Z R H R
M V R Z A P U L Z W K N
P N E E R C S N U S N A
H C T B E L Y P R P D J
R W P R M O K F A I P U
A E A A A T H I E X T T
S Z D E C H A R G E R F
E H A W F E H S M O O F
B J O R A S X T I Y P H
O Q L E W O T A W U S U
O O N D S S G I S E S P
K W E N I C I D E M A P
E X C U Y D T K F T P C
A E J T X C T I Y Y T A
B H S U R B H T O O T M
```

ADAPTER   FIRST AID KIT   SUN SCREEN

CAMERA   MEDICINE   SWIM GEAR

CAP   PASSPORT   TOOTHBRUSH

CHARGER   PHRASEBOOK   TOWEL

CLOTHES   SHOES   UNDERWEAR

```
F O P X T Q B T D Q D J
N A T I L O P O M S O C
S R M O N E Y D J W R X
T E T I G S Y D T B Y M
F A L Y L A T E N H S S
Y D H F A Y U Y W X T L
H E R W M G C I L N L W
T R Y N O B E I E E E S
P S E V U M U R R K E H
C D D D R H A P H C R A
H I L T B P B N A O L P
V G J D K O H F S K W E
P E O P L E O W J D F U
X S W R V F S K H G A Z
M T O I W T E A C N B Y
```

COSMOPOLITAN	MONEY	SELF
EBONY	PARENTS	SHAPE
FAMILY CIRCLE	PEOPLE	TIME
GLAMOUR	READER'S DIGEST	VOGUE
INSTYLE	REDBOOK	WOMAN'S DAY

SOLUTION ON PAGE 290

```
Y S S R Q L O E S Z G C
B K B T E E X E S Q M H
H P R P A W L I K U X E
L U A I B R O O K L Y N
V H M I A S I T N E W G
C E C H E L A M N D O Y
W M C P Z D T D O L O A
Z I O C M I Y O D S L N
J L L C H S D E Y C T G
C L R Z O I N O A U S T
Z A K D Z G O N R N D O
C U W B A U T Z K D O K
W L J T C A W Z O N W E
M K E G R E A T B E L T
N J I A H G L K Z Y Z W
```

ALCANTARA	GOLDEN GATE	SI-O-SE POL
BROOKLYN	GREAT BELT	STARI MOST
CHAPEL	LONDON	SYDNEY
CHARLES	MILLAU	TOWER
CHENGYANG	RIALTO	VECCHIO

ZEN BUDDHISM

```
E H S A R O A C I Z A S
P Z L A M A E K P B J S
E X G N R O U A K O U E
S O L X L T N R M D G N
Y U Z A U A N M A H D L
U W T O V K O A N I R U
B V P R E C E P T S C F
R A I G A A A M R A H D
D N G P D R G I A T B N
S E H J A N N F U T Q I
A E H P A S A R T V T M
A R A S M A S Q B A A L
K N A L A D N A M N S Y
H D Q G F G L C N C H U
K E D W C T R H A A G K
```

BODHISATTVA

DHARMA

KARMA

KOAN

LAMA

MANDALA

MANTRA

MINDFULNESS

NIRVANA

PRECEPTS

SAMSARA

SUTRA

TANTRA

VIPASSANA

YOGA

SOLUTION ON PAGE 291

STREET FOOD

```
M A P A A Q K P E Q O Y
A J B V L L P K O F T A
C Y A K I T O R I P I G
I J B Z U X D O K E R N
Q H E C I N I C N A R A
I N K K T E O C J C U H
U X R W W R H L E K B C
E N E X N I R C N U V I
M N N D L Q A M I K A M
P L O A L N Z G T V R I
A G D Z B L D Z U E E H
N A V T L K X L O T P C
A M R A W A H S P G A U
D A K K K O C H I X X Q
A L Y U R P B Q Z V D E
```

ARANCINI	CHIMICHANGA	ENCHILADA
AREPA	CORN DOG	KOFTA
BURRITO	DAK-KKOCHI	POUTINE
CALZONE	DONER KEBAB	SHAWARMA
CEVICHE	EMPANADA	YAKITORI

```
Y T K G M A R T H A S J
Y V T A N R R N S N U M
A I Z T A E E O M U R E
K R F S N M Y I O R V W
K G M T W L Y T D A E P
M I O C T N T U L L Y R
E N U J S S A L R L O E
P I N T R T E O R O R S
E A T K I Y R V L D K I
Z E V A F I T E K C F D
M B E O P Z Y R O D M E
F E R R Y F A R M G G N
U G N A I N J K R K V T
E Y O R K T O W N A B P
G E N E R A L L U T N W
```

DOLLAR	MARTHA	SURVEYOR
FERRY FARM	MOUNT VERNON	TRENTON
FIRST	PRESIDENT	VALLEY FORGE
GENERAL	REVOLUTION	VIRGINIA
JAY TREATY	SOLDIER	YORKTOWN

SMALL COUNTRIES

```
N E E H I G A R I A K R
S Z N H W D G N X D R P
C G D F U A A I J A O J
L J E B A G N E W N R P
M V R M L K D T P E I E
B A R B A D O S I R L S
B T L H P U R N L G E X
O I U T R K R E F Y U T
N C L U A Y A T C Q R A
I A A Z U Q L H T K Y B
G N V N L T E C Y I P Z
Z C U Z O L G E J N O M
H I T K L M B I N Y F R
R T S E V I D L A M H R
K Y S A N M A R I N O B
```

ANDORRA LIECHTENSTEIN PALAU

ANTIGUA MALDIVES SAN MARINO

BARBADOS MALTA SEYCHELLES

BARBUDA MONACO TUVALU

GRENADA NAURU VATICAN CITY

```
O M Q Z J E O Y G O Z H
Y O I C N H C R A E S D
Q C Y X S C G D W H K U
D D U C K D U C K G O S
P K O D G E L E M T E O
I S Y J I Y C B W T F D
H R K S A A I Q I I Y D
G E E F X N B C M N Z D
X W E D G D X P J E B P
C S P O K E O G D Y C J
R N L G Z X O I Y E Y F
F A K P C O Z S U Z K Q
Z X W I G F G M X E N F
A H P L A M A R F L O W
S Q E E I A E J A X W C
```

ANSWERS	DUCKDUCKGO	SPOKEO
ASK	EXCITE	TINEYE
BAIDU	GOOGLE	WOLFRAM ALPHA
BING	PEEKYOU	YAHOO
DOGPILE	SEARCH	YANDEX

QUEENS

```
B R Z L A G U A R D I A
P F C I T I F I E L D H
V J B L L J R U G L N E
G T S Z N H A H O S B M
W X S I W O I M P L W P
N A M R Y R G Z A L T S
W G I K U L P R I H T
O E S R H H O G K H C E
T W O T O H M S H T O A
W Q O P P T I L T S N D
E G D I R B S N E E U Q
N M H Y L V K A P R M Q
T U V Q P C K O I O J W
O T G N I H S U L F E U
T V Z S P U D M K H Y F
```

ASTORIA

CITI FIELD

ELMHURST

FLUSHING

FOREST HILLS

HEMPSTEAD

HIP HOP

JAMAICA

JFK

LAGUARDIA

METS

NEWTOWN

QUEENSBRIDGE

REGO PARK

US OPEN

SOLUTION ON PAGE 292

MEASUREMENTS NAMED AFTER PEOPLE

```
X G B M W N Y I T D G L
E C H E S A A C O B L X
L O R B D N T L K E H M
U U Y A F P T T B P X V
O I R H E N A T L O V I
J A F A H R E N H E I T
F A M P E R E Z C H C G
Q U M X W B T P G X O K
N I J U G K Z G N C U E
Q E R I C H T E R E L L
W S W W T M Q E R L O V
J Q C T C A Q I Q S M I
Z Q B L O K V L U I B N
Y A F I D N N T E U I Z
Q S C O V I L L E S I P
```

AMPERE	FARADAY	OHM
BELL	FUJITA	RICHTER
CELSIUS	JOULE	SCOVILLE
COULOMB	KELVIN	VOLTA
FAHRENHEIT	NEWTON	WATT

```
R  U  W  M  D  K  Z  X  M  P  J  T
M  K  A  F  N  W  O  R  B  Q  O  T
G  Y  L  X  L  Y  A  E  K  E  H  R
K  Q  P  G  W  K  G  H  U  B  N  X
P  N  O  R  E  M  A  C  J  V  S  W
V  I  L  F  G  U  V  T  D  O  O  J
I  A  E  E  L  T  T  A  E  T  N  E
L  L  I  H  C  R  U  H  C  W  O  A
U  R  E  S  P  L  H  T  R  U  S  S
D  E  Y  A  Y  A  T  R  I  A  L  B
X  B  F  C  R  I  F  I  O  M  I  K
J  M  M  D  P  S  X  H  V  J  W  L
Q  A  Q  N  Z  S  I  M  Y  H  A  Z
S  H  Q  Q  H  E  D  D  N  F  L  M
U  C  J  J  H  S  L  X  F  Z  Y  R
```

ATTLEE	CHURCHILL	PITT
BLAIR	DISRAELI	THATCHER
BROWN	JOHNSON	TRUSS
CAMERON	MAJOR	WALPOLE
CHAMBERLAIN	MAY	WILSON

SOLUTION ON PAGE 292

```
D S R K W V F A Z B Y K
T G M E C K G I D B O I
Y A O N D M T N T L D R
W O K H Q L Y R G O E B
F D W E F W E O G N A A
Q A K A I U L F S G L E
K R S R L T N I F R E Y
M E J T A S E L E U U L
T P H A L M H A L N Y O
L S O C F A D C S I R O
D E W H G Y N L N Y T S
E D L E G J D E P B N Y
C C O O I A Y T N X U I
C A N Q W E L O C E O N
K E G X S V B H Z Q C Q
```

ALREADY GONE	FREY	LONG RUN
COUNTRY	HEARTACHE	LYIN' EYES
DESPERADO	HENLEY	MEISNER
FAST LANE	HOTEL CALIFORNIA	TAKE IT EASY
FELDER	HOW LONG	WALSH

FAST FOOD CHAINS

```
F F P I Z Z A H U T I V
C M O A V W N J Q T L R
P S P B R G W J M G F X
Y I E B S L Y C N V T S
V V Y E Y O D I M M O L
Z Q E S D O K X T N C L
O N S Y N R U U I O X E
N M P A E H A M A Z E B
C Y L G W X O H Q L Q O
R D R K I D V J T L E C
S U B W A Y F O A B K A
B N T E D S P Y M P R T
K K P V Z I J E L B A C
Y I F S H C Z D Y O Y P
X N R C I N O S N B H N
```

ARBY'S   HARDEE'S   POPEYES

BURGER KING   KFC   SONIC

CHIPOTLE   MCDONALD'S   SUBWAY

DOMINO'S   PAPA JOHNS   TACO BELL

DUNKIN   PIZZA HUT   WENDY'S

```
F D E L A Y O F G A M E
T A R G E T I N G T H N
S J M K C O L B P O H C
P S M C A T K H G O N R
E D I S F F O O D M F O
A P G D E I Y R I A A A
R W N D H H A S C N L C
I X I B T S Z E L Y S H
N G D I O L M C I P E M
G H N G T A N O P L S E
S L U I S G S L P A T N
D U O K D E P L I Y A T
G O R X N L Z A N E R P
A K G G A L O R G R T V
U L E X H I Q H N S W G
```

CHOP BLOCK	HANDS TO THE FACE	TARGETING
DELAY OF GAME	TOO MANY PLAYERS	FACE MASK
ENCROACHMENT	HORSE COLLAR	CLIPPING
FALSE START	ILLEGAL SHIFT	HOLDING
GROUNDING	SPEARING	OFFSIDE

HAIRSTYLES

```
N W P E W X P L U D U V
W S N E J E V I H E E B
O B L I A T Y N O P Z P
D W F X N Y K I L K E G
F B W I P J G M C R G Y
L Z Q P L R F J M S R Q
A U K B O B R A I D E D
H T Z M B Q N D C U G D
P U U T N E E O S E P E
U O Y C N S R T C O O L
F E X T W N N I I H T S
L Z D E R E L Y T S P U
A L P O J N R O U Y K O
H T W F U H G C T I R T
Y S Q B B A N G S E K E
```

BANGS

BEEHIVE

BOB

BRAIDED

BUN

CORNROWS

CREW CUT

GOTH

HALF UP HALF DOWN

PERMANENT

PIXIE

PONYTAIL

SIDE SWEPT

TOUSLED

UPSTYLE

NATIONAL PARKS

```
D Y E L L O W S T O N E
R Y E L L A V K U B O K
N Y U F A B P C V J L Q
E O A S T Y U L O K Y N
T D Y Z X G O S E S M D
I K E N G P H R V K P N
M R N N A U K M E U I E
E A G L A C I E R L C B
S L M T P L D D G V S G
O C R U O J I N L K K I
Y E L L A V H T A E D B
E K W O L N C T D R W T
B A J X G Q M O E D G G
S L I D S A W J S Z E B
K E N A I F J O R D S H
```

BIG BEND   GRAND CANYON   KOBUK VALLEY

DEATH VALLEY   ISLE ROYALE   LAKE CLARK

DENALI   JOSHUA TREE   OLYMPIC

EVERGLADES   KATMAI   YELLOWSTONE

GLACIER   KENAI FJORDS   YOSEMITE

GREEK LETTERS

```
J M Z X N C Z P Y T J I
F M B E A O H R N S U N
K T T M T V L Z N N R Z
Y A M H G A G I M Z X E
M A P G I O N D S D Y L
G Q O P K R O E O P G A
T G N X A L L S M B U M
H C I P H A I Q E L B B
E L H N P N S Z G Y A D
T S A P L O P Q A T W A
A I T Q A R E Y L N T G
T F E E D C S E W O Z R
I H B O Q I D B I T O H
U F N G P M L F H P E V
M D Z W F O S I G M A Q
```

ALPHA	IOTA	RHO
BETA	KAPPA	SIGMA
DELTA	LAMBDA	THETA
EPSILON	OMEGA	UPSILON
GAMMA	OMICRON	ZETA

SOLUTION ON PAGE 294

BIRTHSTONES

```
S D Z F T A T W Q M X Y
D S H I L D N E O F E R
C G U L R S N B Q R M G
F V Q F A C Q O I L H P
T K B R E W O H M N T T
U E B Y P M P N P A E E
R N N I T P O E O N I D
Q O Q I A S R X R P L D
U T Z S R I Y A G A A F
O S N A D A G H R S X L
I N H O P K M E T X V W
S O T Y Z O M A W E S K
E O D O B E T V U C M C
U M W F W U W S T Q A A
E N I L A M R U O T A Q
```

AMETHYST   MOONSTONE   SAPPHIRE

AQUAMARINE   OPAL   TOPAZ

DIAMOND   PEARL   TOURMALINE

EMERALD   PERIDOT   TURQUOISE

GARNET   RUBY   ZIRCON

BLACK AND WHITE ANIMALS

```
U D P O R S D V Z O D H
N I U G N E P D Q P N A
R B S O P F C V F O Y R
G A O Z M P O C O S E S
P Q Z X E A W C N G E V
D P E O D B E Z I G T A
A Z A N R N R T C Q C K
L K A P I B E A M R T I
M P R A E T I T O A U N
A R M H I R Z L P C Q G
T R Z H A C K I L L P S
I P W F P Z R I Q Q E N
A Y S K U N K T T B F A
N R E T Y T O O S E T K
R U F F E D L E M U R E
```

COW

DALMATIAN

KINGSNAKE

MAINE COON

ORCA

PANDA

PAPER KITE

PENGUIN

RAZORBILL

RUFFED LEMUR

SKUNK

SOOTY TERN

TAPIR

WHITE TIGER

ZEBRA

PALINDROMES

```
E  J  Y  D  E  K  E  D  E  D  I  D
D  G  R  M  C  X  E  R  K  O  E  I
A  I  L  F  M  I  C  D  Z  N  S  Z
M  D  E  X  F  F  V  L  N  T  G  O
M  M  V  I  K  L  A  I  L  N  G  S
I  A  E  R  K  U  S  W  C  O  C  D
T  D  L  W  E  S  J  N  K  D  P  V
I  A  T  A  I  P  B  C  B  O  K  R
M  M  Z  N  X  T  A  R  O  B  A  O
M  T  N  B  F  A  A  P  X  C  P  T
A  E  P  K  K  B  E  C  E  R  C  A
D  N  F  X  H  H  P  C  O  R  K  T
O  E  S  K  A  Y  A  K  V  C  E  O
I  T  U  B  I  R  D  R  I  B  A  R
Z  C  D  S  A  D  O  B  B  S  W  T
```

BIRD RIB	DENNIS SINNED	RACE CAR
CIVIC	DON'T NOD	REPAPER
DAMMIT, I'M MAD	KAYAK	ROTATOR
DEIFIED	LEVEL	TACO CAT
DEKED	MADAM	TENET

WORDS BEGINNING WITH "CON"

```
K S T P M E T N O C L R
C D H K S R S W T W Y Y
O I I O J S C L C J A R
N C E T A O D T A Z C J
C T T K N Z Z X R U O H
E X I T I C S E T H O K
P K A U S I T T N Q K L
T I Q Q D E S N O K F O
N C B E R N T O C R C R
C F I C L E O C L U O T
E W N L F O U C P O N N
W O H C F N S Q M T V O
C H N J C N T N N N E C
C E N O C R O L O O X E
C C O N S U L C Z C C Z
```

CONCEPT   CONQUER   CONTEXT

CONCRETE   CONSOLE   CONTOUR

CONDUIT   CONSUL   CONTRACT

CONE   CONTAIN   CONTROL

CONFLICT   CONTEMPT   CONVEX

BLUE THINGS

```
M Y A D E L F T W A R E
C O R N F L O W E R B H
K N C O C T A R D I S X
Q I H M I Q G O N Z O K
S B O A N S U Q G E S C
M G X I O H N G O A W O
U N G D S N S H P B E C
R I R E A C E P K E Y A
F L P P N W H P Z V Z E
S C N O R I M V T Z V P
G Y N H R N B S W U U U
U C C E A P L O S C N W
L E G E K O I H R X Z E
H R C J X S N A E J B T
H O N E Y C R E E P E R
```

CORNFLOWER	JEANS	ROBIN EGGS
DELFTWARE	NEPTUNE	SAPPHIRE
GONZO	OCEAN	SMURFS
HONEYCREEPER	PEACOCK	SONIC
HOPE DIAMOND	RECYCLING BIN	TARDIS

SOLUTION ON PAGE 295

```
E Z X C M E D I A N A D
X K B T V I I H M N X T
P W A I O Z M V Z G I Z
O M Z C A L C U L U S C
N I M A L O B A R A P V
E U L L G M O X M B K U
N G L K E S A B A V T O
T E M D B R G R R R N G
S O G X R N G B W T E F
W M M Q A R A S A E I A
X E X R A U A E Q N T C
W T Z P B E E Q M I O T
F R H Y K X T C B S U O
V Y I G Z E T V L O Q R
N I R H O M B U S C S W
```

ALGEBRA	CALCULUS	MEAN
AREA	COSINE	MEDIAN
AXIS	EXPONENT	PARABOLA
BAR GRAPH	FACTOR	QUOTIENT
BASE	GEOMETRY	RHOMBUS

SOLUTION ON PAGE 295

```
N Q O U H M D X O B H S
D E E P T H R O A T Q K
T H N A I T E L C O I D
X T M A N F Y M R D D O
G U X T L G F E G A A M
D X C D A P U R Y G V I
S E T R A C S E D A I N
E I D E G R A E L M N O
G S A D Q K F R W A C T
V U R S J I F H O A I H
I I K C C T A F B R D E
S R A O H Y I Y T R K O
P A G T V H R S S Y G R
Q D E T E N T E U U W Y
X W S B U O V Q D W P Q
```

D-DAY	DAWES PLAN	DOMINO THEORY
DA GAMA	DEEP THROAT	DRED SCOTT
DA VINCI	DESCARTES	DREYFUS AFFAIR
DARIUS I	DETENTE	DUMA
DARK AGES	DIOCLETIAN	DUST BOWL

SOLUTION ON PAGE 296

```
D R O M R V V R Z L D G
S J Y C A U C A S U S T
T Q Y L C U H S N T K K
Q T P X O W N D S Y I I
M S K I N A B A L U L V
O E O I C V S S K A I J
E R Z H A R C H N E M E
D E A U G Y K E N Y A S
N V R N U K D N D C N R
M E O Y A W P W F U J I
N A B N T T A R A R A U
D A M A V A N D Y Y R S
I I I H D V Z P Z E O A
T A H B R B I A B K E U
R R C G V O O G D E G Y
```

ACONCAGUA   DAMAVAND   KILIMANJARO

ALPS   DENALI   KINABALU

ARARAT   EVEREST   MAUNA KEA

CAUCASUS   FUJI   RAS DASHEN

CHIMBORAZO   KENYA   TYREE

SYMBOLS ON A KEYBOARD

```
C D U F F U S Q L G I I
W G Y F L L I E V L V O
P O U N D P S H E V Y J
Y D D G R J E E S J C B
E D L I T Q H R R A O E
P Q E S K K T I C Q L S
O L U T C F N C C E O S
T E U A M P E R S A N D
G T R S L E R T Y C C T
K E M T S S A T O L R T
T R Q E N I P B Q U F B
T B S R R P G A V R Q C
Y V Y I K J D N S E C E
N G I S R A L L O D D Z
H T E K C A R B N H L Y
```

AMPERSAND   COLON   PLUS SIGN

ASTERISK   DOLLAR SIGN   POUND

AT SIGN   EQUALS   QUOTE

BRACKET   PARENTHESIS   SLASH

CARET   PERCENT   TILDE

SOLUTION ON PAGE 296

```
V D B L H O Z Z M X R G
P I R G C R K G V K M V
O W L A I D T U P N I A
T V E P C B A T T E R Y
S S N E X D I Z W O R Y
F X S R X E S F X H O G
M U Z T Q P I T S S R F
K O M U C N R A W T V G
F B D R D A L T Q O B F
B D G E T F T L Z H E D
T B R T D I L N P M T S
N Z F T R I A J O M Q L
L T C U W K A U I C S E
Z Y D H P M N L H L P B
N P G S G T P U E D X G
```

APERTURE	GRIP	MODE DIAL
BATTERY	HOT SHOE	MOUNT
CONTACTS	INPUT DIAL	SD CARD
F-STOP	LENS	SHUTTER
FLASH	MIRROR	VIEWFINDER

SOLUTION ON PAGE 296

CARNIVORES

```
H P E L I D O C O R C M
O L T U E M H O K X M J
N O A R A E B R A L O P
E K D U E U T Y T Q B A
Y Y N T Z H J T M R R R
B L A I N F U V X A J T
A H P G Q D J T G J H Y
D O T E K M J U S Y A L
G R N R Y W O X E Q O F
E R A N A C O N D A M S
R H I P M D A L O K M U
S S G K O X H R F I M N
Z H A V I E I F T C L E
R O T A G I L L A Q E V
S W D G I D S E A F U N
```

ALLIGATOR

ANACONDA

CHEETAH

COUGAR

CROCODILE

GIANT PANDA

HONEY BADGER

HYENA

LEOPARD

LION

POLAR BEAR

SHARK

TIGER

VENUS FLY TRAP

WOLF

SOLUTION ON PAGE 297

```
J  L  S  A  W  W  F  C  Q  A  T  A
A  C  J  M  L  W  E  T  V  T  N  R
T  E  S  U  O  H  T  U  O  O  A  P
S  D  Z  C  D  M  F  W  J  S  S  O
Z  N  R  B  O  A  E  N  G  N  D  R
Y  K  U  A  R  R  O  W  S  L  I  T
C  E  T  R  W  D  B  S  E  F  Z  C
V  E  L  T  G  B  M  E  M  L  H  U
J  P  G  I  J  A  R  P  L  A  L  L
C  X  P  Z  A  R  L  I  P  W  I  L
C  I  U  A  Y  B  N  E  D  C  J  I
A  X  I  N  I  I  L  Y  C  G  L  S
E  N  X  V  H  C  Y  E  Z  X  E  Z
L  L  A  H  T  A  E  R  G  R  F  J
E  I  L  K  N  N  J  A  W  K  K  E
```

ARROW SLIT	CORBEL	MOAT
BAILEY	DONJON	OUTHOUSE
BARBICAN	DRAWBRIDGE	PORTCULLIS
BARTIZAN	GREAT HALL	TOWER
CHAPEL	KEEP	WELL

```
D I G H B C V T C N Q O
U M S U A V C P K P M A
S G W O Q Q A P O R U E
Z A D B N I R A E Z T H
F N Y N G O M B O E W T
Z Y M S I T E M G G S I
E M T E O H Q Y L I P S
D E Z M T Y A G X E H Y
A D R A S T E A N U P L
L E M G I F K E H M S N
E N K G L L D J R P M G
K I A H L L A D E L W C
U J A R A L E M H C L Q
E E X H C W R R I R K H
C R C Y Y R D S S H P B
```

ADRASTEA	EUKELADE	LEDA
CALLISTO	EUROPA	LYSITHEA
CARME	GANYMEDE	METIS
CHALDENE	HIMALIA	TAYGETE
ELARA	ISONOE	THEBE

CHAIRS AND SEATS

```
S U N W W G Q H G M Y B
B G R O S D N I W H C C
C R N R V L J Y I K J H
C H A I S E L O N G U E
R D C T N V B I G U L S
E R O C K I N G B H P T
C O R F H W D U A L A E
L L O U F S G R C O G R
I T D X O I M F K Z A F
N T Y F E C C U X Z B I
E T A S H D S E K Y N E
R E T A S L U W N S A L
C H I P P E N D A L E D
E R E G R E B R M T B X
R H E B T V J B C E U V
```

ARMCHAIR   CHIPPENDALE   SOFA

BEANBAG   DINING   STOOL

BERGERE   OFFICE   SWIVEL

CHAISE LONGUE   RECLINER   WINDSOR

CHESTERFIELD   ROCKING   WINGBACK

CHEMISTRY

```
T H J T R B P R P F X P
N U C D P P O L Y M E R
I A T H C T A G L N B Z
O J F M E T A L L O I D
P F T U S M W A N I O N
G E P Y O R I D M T I O
N H R J L C J C A A Q I
I C O D U Q Y Z A C J T
T V D J T W A I S L S C
L T U I I K D M F Y G A
E Q C N O W B I L D S E
M O T A N B G A C O S R
Z T A L E H T Q A A N E
T F N P N A O Z B Z B H
X W W E C G N C L D C H
```

ACID

ANION

ATOM

BASE

BOND

CATALYST

CATION

CHEMICAL

CRYSTAL

MELTING POINT

METALLOID

POLYMER

PRODUCT

REACTION

SOLUTION

SOLUTION ON PAGE 298

```
M Y E U K X M L O B H U
Z H C V T S Y A I K L H
E E I M I M L S T C R A
L W F M C P H Q U E E N
T G I W G O Z W X H T W
W P R J P I P Z J C S R
C G C U N Z G E Q P A R
Q A A N T H G I N K M N
D B S I Y D Y I W I D M
V Y L T N A S S A P N E
L B V D L Z Q T P T A G
D K O N O I T O M O R P
W Q H S K D N Z N O G O
Z E L G K D J G O X Y G
P P I C W Y N K I N G H
```

BISHOP	GRANDMASTER	PAWN
BLITZ	KING	PROMOTION
CASTLING	KNIGHT	QUEEN
CHECK	MATE	ROOK
EN PASSANT	OPENING	SACRIFICE

SOLUTION ON PAGE 298

TOM HANKS MOVIES

```
O E R C W T J N X Q S Q
P H I L A D E L P H I A
M S N A E S L F N H U H
U A P L L E T S N P D L
G V V L I I T A U K E G
T I R O A P S G W L A R
S N L T M S N I I A L E
E G Q H T F H M R B Y Y
R M Y E O O N U H T Q H
R R P B G E Y A J H C O
O B R U E G B S R E H U
F A V R V D Y M T P P N
A N G B U I T K Q O K D
V K T S O R I H J S R D
J S R E Y B B N J T M Y
```

BIG   GREEN MILE   SPLASH

BRIDGE OF SPIES   GREYHOUND   SULLY

CAST AWAY   PHILADELPHIA   THE BURBS

ELVIS   SAVING MR. BANKS   THE POST

FORREST GUMP   YOU'VE GOT MAIL   TOY STORY

CUTTING TOOLS

```
W  H  H  O  M  W  Z  U  E  X  J  T
A  B  Z  K  L  S  A  I  U  S  S  Y
S  R  O  S  S  I  C  S  P  X  D  S
N  U  H  R  R  P  Z  I  K  X  T  D
I  S  V  E  J  E  N  V  K  C  P  P
A  T  X  D  Q  S  P  U  Z  L  A  R
H  Y  U  N  N  A  G  P  F  F  P  H
C  G  U  I  L  L  O  T  I  N  E  B
I  Y  T  R  J  F  L  X  E  L  R  C
E  T  V  G  X  J  E  G  S  R  C  E
L  A  S  E  R  X  P  C  O  E  U  H
D  C  Y  L  V  N  L  Z  Z  F  T  T
J  N  M  G  B  L  A  D  E  T  T  Y
E  F  I  N  K  R  C  G  U  S  E  C
P  X  N  A  I  R  S  H  E  A  R  S
```

AIR SHEARS	GUILLOTINE	RAZOR
ANGLE GRINDER	HACKSAW	SCALPEL
BLADE	KNIFE	SCISSORS
CHAINSAW	LASER	SCYTHE
CLIPPERS	PAPER CUTTER	TIN SNIPS

SOLUTION ON PAGE 298

```
U P H P N G G B D U C Y
W E D Y M Q N R O C N U
F C P Q O T D U M R H I
H A H Y M X S S M A Y F
G N I F F U T S M N E M
R P R N S E O E J B K O
E I J G E G R L H E R Y
E E Y B O B R S X R U I
N H L V T V A S H R T V
B S A N A F C P J Y O Z
E Q Z E T R C R U S Y W
A C W U O O G O M A S M
N F X L P P B U Z U I O
S P L F Z S B T J C S Q
B N H S A U Q S J E D C
```

BEETS	GRAVY	ROLL
BRUSSELS SPROUTS	GREEN BEANS	SQUASH
CARROTS	HAM	STUFFING
CORN	PECAN PIE	TURKEY
CRANBERRY SAUCE	POTATOES	YAMS

 SOLUTION ON PAGE 299

SUPREME COURT JUSTICES

```
L Q Q Q W B W N E H J E
G L L G E S A W F C K H
C H E N Y Q R Y T U X R
B I R O M I R T H S S S
R R D S T R E B O R K N
A O V K K R N Q R O D L
N A Y C R V S E H G U H
D M K A V A N A U G H Q
E V B J M A R S H A L L
I L R O L O I X G M W W
S B H I N M T C G G D L
J T T Q A Q H O L M E S
H O H E G I N B S U R G
Q L D N A N N E R B K S
E D O X K I W I F S M H
```

ALITO   GORSUCH   MARSHALL

BARRETT   HOLMES   ROBERTS

BRANDEIS   JACKSON   SOTOMAYOR

BRENNAN   KAGAN   THOMAS

GINBSURG   KAVANAUGH   WARREN

SOLUTION ON PAGE 299

MARTIAL ARTS

```
U V I D O I X Q J G Q R
B S N A K O T O H S K U
L H T J H F R O F J O L
A V H I V T B K E M K J
C M G J J D Y E W M O H
K U N G F U T A F D N F
B G R Q G K I J U R D F
E B U B U L C J A M O L
L G G N I X O B K C I K
T F E E H X R Z O P Y U
O D N O W K E A T P W N
O H I I M C E V U G C T
Q P N Z B J D M T Q O A
E E E T A R A K Y U D O
Z T S H C H B X W S L J
```

BJJ	JUDO	KUNTAO
BLACK BELT	KARATE	KYUDO
COREEDA	KICKBOXING	MUAY THAI
JEET KUNE DO	KOKONDO	SHOTOKAN
JIU-JITSU	KUNG FU	TAEKWONDO

SOLUTION ON PAGE 299

ASIAN CITIES

```
Z W W T I H C A R A K Y
G K T N D S U N X P U I
N F O E R O L A G N A B
I T L K A J O Q Y H L X
J H A Q G Y N E G K A A
I Y X K K N N N B B L G
E A Y O A J A Y B I U Z
B R T Y D H G B N A M F
A P Y R S Y D A N U P G
X M H P A Q M G M M U W
Q Y L R R K Z B Z U R F
F I Z U M H A D H P S X
Z H A N O I N J I W K X
M Y Z U S E L X I N R F
I V Z W B S S D P W F G
```

BANGALORE	GUANGZHOU	MANILA
BANGKOK	HANOI	MUMBAI
BEIJING	JAKARTA	SEOUL
DELHI	KARACHI	SHANGHAI
DHAKA	KUALA LUMPUR	TOKYO

SOLUTION ON PAGE 299

INDIANA JONES

```
B E D W O T N R G T R H
T T V R H S A E N L A O
E E W S W I B B Q R I L
M R K F D G P O R S L Y
P R U E O O L I L U F G
L K R S L L S R K O S R
E S L N A O X S R B D A
O O G A N E L D Z O R I
F I I K B A R V B O K L
D O J E T H U T D B M K
O Z J S C C O E N Y L N
O G Y H J R F O U T A E
M R P F N A D W X R V J
C H D P L K R Z X A R K
W Q Q N O B C C C P P L
```

ARCHAEOLOGIST   FEDORA   RAIDERS

ARK   FORD   SNAKES

BOOBY TRAP   HARRISON   TEMPLE OF DOOM

CAVE   HOLY GRAIL   TREASURE

CRYSTAL SKULL   IDOL   WHIP

ARETHA FRANKLIN SONGS

```
Z Y P S B M D D I O G M
D O O G L E E F R D J N
Z U R O W A S E E S F A
G S K E M E V A S C I M
N E G Z Z Q G P P H Z O
I N M T O O R I E A Y W
M D T G L N O B C I U L
A M U Y A W O N T N I A
E E F M D T V H B O B R
R N F W E M I N U F B U
D Z E G O N N E Z F C T
Y B N O K L A W V O E A
A J U M P T O I T O A N
D G F V R U F M X L R A
J B F E O N E X B S J P
```

A NATURAL WOMAN   GROOVIN'   SEE SAW

AIN'T NO WAY   JUMP TO IT   THINK

CHAIN OF FOOLS   PROVE IT   TUFF ENUFF

DAY DREAMING   RESPECT   WALK ON BY

DR. FEELGOOD   SAVE ME   YOU SEND ME

```
O P B A O S W E I Z F N
G E O R G I A V C X A O
P A Y Q P Z B I P O C F
C C H R E T S I N I M C
A E C N E L O I V N O N
F R E E D O M I Q M E U
X S E Q U A L I T Y X O
G K P C E R L K J P N Q
H Z S R I C X A J O V V
D Z D G C T N M B P T O
F Z H N H U S E D A D K
X T H T A N L U O C M A
S U T R N B S G J B A A
S O Y A G O Z L P D M T
V I N T E G R A T I O N
```

ALABAMA	FREEDOM	MINISTER
CHANGE	GEORGIA	NOBEL
CIVIL RIGHTS	INTEGRATION	NONVIOLENCE
DREAM	JANUARY	PEACE
EQUALITY	JUSTICE	SPEECH

SOLUTION ON PAGE 300

TEAS

```
Z  G  E  J  N  J  V  W  S  K  M  A
V  A  E  T  A  M  A  B  R  E  Y  H
R  O  C  H  X  Y  E  D  P  P  C  U
E  E  H  S  U  B  Y  E  N  O  H  G
C  H  A  I  A  P  G  U  L  I  R  N
J  S  M  R  N  L  N  V  B  E  Y  O
N  R  O  D  L  Q  D  I  E  G  S  L
Z  O  M  D  X  G  S  N  Z  Z  A  O
E  O  I  Z  P  C  R  L  Q  V  N  O
M  I  L  L  U  A  A  E  E  D  T  T
F  B  E  S  E  B  H  N  Y  U  H  G
E  O  Q  L  R  D  D  C  L  X  E  G
O  S  K  E  H  E  N  V  T  O  M  N
N  I  H  W  R  L  R  A  E  A  U  R
J  B  D  K  T  Z  H  S  D  Z  M  V
```

CHAI	GREEN	MATCHA
CHAMOMILE	HERBAL	OOLONG
CHRYSANTHEMUM	HIBISCUS	PUERH
DANDELION	HONEYBUSH	ROOIBOS
EARL GREY	LAVENDER	YERBA MATE

OFFICE SUPPLIES

```
R V Y C E S R J T F A R
K E S T A P L E R X E X
D S R O A I A D S D U W
G L D P X L V T L A J W
S S E A E C Q O V D R R
E R B M P R F J A T Z E
T E W I T E O U T F Y T
O T X P L D T S V O T H
N U M I R N C O T U G G
Y P F L P I C S N J J I
K M R Y S B N V W T S L
C O P S M M G T S N K H
I C O N A M M X E W P G
T R E N N A L P U R G I
S M Y E A V N I I Q R H
```

BINDER CLIPS	NOTEPADS	SCISSORS
COMPUTER	PAPER	STAPLER
ERASER	PENS	STICKY NOTES
FILE FOLDER	PLANNER	TAPE
HIGHLIGHTER	PRINTER	WITE-OUT

SOLUTION ON PAGE 301

COOKIES

```
T H M B J R H Q P H T D
C W C L G R E F O X N G
H Y C I I L C T Q O I N
O P T U W N S U T N R E
C L O U D D Z Q G U P H
O A D R O P N E N P B C
L N F I Z T R A R I M S
A D Y S X B U X S A U A
T F A K R L Q C C G H T
E M W E N A O A A W T N
C G A U Z T R R J Y Y A
H D T E T O V G Y T F M
I S L I O H Y X R M Z A
P H E N S C Z G I L B H
F F M E R I N G U E E I
```

BISCOTTI	DROP	MELTAWAY
BUTTER	GINGERBREAD	MERINGUE
CHOCOLATE CHIP	HAMANTASCHEN	SANDWICH
CLOUD	LINZER	SUGAR
CUTOUT	MACAROON	THUMBPRINT

NINJAS

```
E D A R T S T T N B T R
F I E P Z E P L L O W I
N U K A H C N U N W F M
X G K A D G C A P S S K
H C Z F T L D S F T F B
P S R Y O A Y S R R P Y
Y I M A M S N A P A J R
B L K I J S L A W T N A
G E I Y O A S V N E C N
D N F W I S H B Y G M E
N T S T Z S I H K Y D C
T H R O W I N G S T A R
X A H L Z N O S U N Y E
M R J D I V B P D P P M
B S Z L A C I T C A T O
```

ASSASSIN

ASSAULT

CLOAKED

DARTS

DEADLY

JAPAN

KATANA

MARTIAL ARTS

MERCENARY

NUNCHAKU

SHINOBI

SILENT

STRATEGY

TACTICAL

THROWING STAR

THINGS WITH WHEELS

```
R  S  W  J  P  N  I  S  E  I  S  W
B  C  E  L  C  Y  C  R  O  T  O  M
R  O  T  C  A  R  T  E  S  R  Z  T
I  O  F  Q  Z  M  K  D  R  C  E  U
A  T  H  D  G  T  R  A  E  K  Y  B
H  E  F  S  R  B  B  L  I  U  K  N
C  R  L  M  S  L  Y  B  C  M  U  Y
E  H  R  I  E  E  U  R  X  E  R  L
C  A  N  E  B  C  V  E  N  S  U  T
I  J  H  O  L  O  K  L  C  A  R  T
F  W  Y  C  Y  L  M  L  D  C  V  H
F  M  Y  G  J  G  O  O  B  T  Y  C
O  V  S  F  G  H  J  R  T  I  N  W
S  S  Y  U  K  C  U  R  T  U  W  Q
D  R  A  O  B  E  T  A  K  S  A  D
```

AUTOMOBILE	OFFICE CHAIR	SUITCASE
BIKE	ROLLERBLADE	TRACTOR
BUS	SCOOTER	TRUCK
CART	SKATEBOARD	VAN
MOTORCYCLE	STROLLER	WHEELBARROW

SOLUTION ON PAGE 301

ICE SKATING

```
E K O D S W J V Q V E G
L N J C D L O Y K S N Z
E I X H O E E H E Y T P
X R B O S D M C C U R C
A E P R G K N U L L E W
R V Q E L A E J T H A K
Y N X O D V F A U S P S
Z Q U G C N B H X D O D
E Z O R U P F P L L G C
B A L A N C E I Z C W E
K M B P H U F D X S H W
S B Y H G T O S Q Y L Q
R O V Y P D J V K K N K
R N J P B B A J U M P W
J I T E C H N I Q U E W
```

AXEL   EDGE   LUTZ

BALANCE   JUDGE   RINK

CHOREOGRAPHY   JUMP   SALCHOW

COSTUME   LIFT   TECHNIQUE

DANCE   LOOP   ZAMBONI

```
R  H  B  S  X  O  T  K  T  U  L  X
Q  U  R  E  C  K  N  U  C  K  L  E
K  U  S  S  R  O  K  N  A  V  E  Y
N  C  D  C  T  W  W  K  N  I  F  E
I  F  A  N  M  E  E  S  C  E  S  K
G  A  O  N  E  J  B  N  G  U  N  M
H  V  V  N  K  T  R  D  K  E  Y  K
T  M  K  L  F  K  E  U  A  Y  C  M
S  O  W  K  B  L  C  D  F  O  V  S
P  N  N  L  W  N  Y  I  N  B  F  X
Z  O  B  O  A  A  W  K  N  G  L  T
B  E  N  E  C  Q  Y  Q  B  K  I  W
M  K  T  K  C  A  S  P  A  N  K  H
P  L  L  O  N  K  P  X  K  E  E  E
E  R  F  W  V  U  H  S  E  V  Y  J
```

KNAPSACK	KNICK-KNACK	KNOCK
KNAVE	KNIFE	KNOLL
KNEAD	KNIGHT	KNOT
KNEE	KNIT	KNOWLEDGE
KNEW	KNOB	KNUCKLE

```
N M G T H R O S Y H J X
G X F E B S T I N E T M
O P D L E M Z L T S N O
B G B K R W S L R A E F
E S U O H N E E R G P Q
Z A A O J A W R Z L L H
A C O M P O S T H E A P
G A H C L U M W M V W Y
Y T G F U M P O I I N G
E C H K B W E A U Z O L
B T O P I A R Y K N Q J
J E O Q F Y G M I E D K
E K H Y D N O P H S I F
S F B F E G L L N L E W
M V E G E T A B L E S G
```

AVIARY	GREENHOUSE	PATIO
COMPOST HEAP	HEDGE	PERGOLA
FISH POND	LAWN	TOPIARY
FLOWERS	MOUND	TRELLIS
GAZEBO	MULCH	VEGETABLES

THINGS THAT CAN TURN OFF AND ON

```
S D I J K I G V J O P W
L I G H T T E B H D I A
P S K E F A Z Z J G Z S
M H R E T U P M O C D H
P W E D S R X S E J Y I
C A Y I S P U P O T L N
E S R E D N E L B A B G
L H D G K F D A L A R M
L E R F W P B A K P Q A
P R I N T E R T E E C C
H C A L C U L A T O R H
O F H D K Y O P V L G I
N O I S I V E L E T A N
E A T C E O C W V A A E
Q F O N B L R S P C P K
```

ALARM

BLENDER

CALCULATOR

CELL PHONE

COMPUTER

DISHWASHER

FAN

HAIR DRYER

WASHING MACHINE

LIGHT

OVEN

PRINTER

RADIO

SPEAKER

TELEVISION

SOLUTION ON PAGE 302

KITCHEN TOOLS

```
Z B O V E N M I T T Q N
S T F O I F O T Z L G O
K H L U G X I O L Y S O
M E A S U R I N G C U P
B R D V X L W G K O U S
B M L E L A C S P L N N
T O E U P R I B E A E E
Y M A L B H W D P N G D
H E N R W E D G P D P O
K T A E D O N L E E L O
H E H R T I B A R R V W
Q R F K Y B I X M U Q B
K E W R C B J E I H F O
S N F S P A T U L A A A
F K M G C P X N L S U F
```

BOARD   LADLE   SPATULA

BOWL   MEASURING CUP   THERMOMETER

COLANDER   OVEN MITT   TONGS

FRYING PAN   PEPPER MILL   WHISK

KNIFE   SCALE   WOODEN SPOON

```
H  G  I  E  E  F  S  N  Q  H  P  X
U  L  D  X  H  I  O  D  Z  F  S  O
O  B  U  P  I  T  Y  T  U  H  N  E
W  F  Y  W  R  Z  E  H  R  C  I  X
G  R  W  O  A  G  Q  E  P  P  L  W
N  F  M  D  K  E  T  G  S  L  L  C
O  P  Y  C  N  R  R  E  I  R  O  E
R  Z  J  P  O  A  L  O  X  K  R  D
T  Y  Y  H  M  L  D  G  C  Q  P  U
S  C  S  W  I  D  T  O  N  I  S  Z
M  I  N  G  U  S  C  R  C  J  H  H
R  V  P  S  K  N  J  D  A  V  I  S
A  B  M  N  A  L  G  N  Y  N  P  A
U  S  E  H  U  B  B  A  R  D  E  W
R  C  R  B  S  L  W  B  Y  L  R  C
```

ARMSTRONG	FITZGERALD	MINGUS
COLTRANE	GETZ	MONK
COREA	GILLESPIE	MORTON
DAVIS	HANCOCK	ROLLINS
DOLPHY	HUBBARD	SHORTER

SOLUTION ON PAGE 303

FISHING

```
E G X E Y N M D T B I A
H V T S N I K Z L Y K T
E S O A G B I V A W E Z
T F A E N B F U J N N I
I S J L L L G S G J H X
M I F E Y E U N X M O Y
I A I R R E I R R B O A
L B E D W D F T E R K L
Y E U N N H G L I N E P
L F Q A J H K E O N H G
I D L H B C G A A A B A
A T H C A A A D T R T J
D E K T I P S E I L F Q
V D K A T W F R Q E V G
I Y S C O E U V C Z N Y
```

AUGER

BAIT

CATCH AND RELEASE

DAILY LIMIT

FLIES

FLOAT

FLY REEL

GEAR

TACKLE BOX

LANDING NET

LEADER

LINE

LURE

NIBBLE

HOOK

MYERS–BRIGGS PERSONALITY TYPES

```
N  J  N  D  D  R  T  R  Z  M  P  P
V  C  O  U  N  S  E  L  O  R  E  S
H  E  I  Y  R  V  O  K  O  A  M  M
R  P  P  Q  I  Y  E  V  N  J  V  Q
O  P  M  G  I  G  I  I  D  I  I  E
T  R  A  C  D  D  N  V  N  L  H  U
C  E  H  X  E  G  F  I  I  H  M  T
E  D  C  R  A  F  T  S  M  A  N  H
P  N  H  A  L  D  B  I  R  A  U  D
S  A  K  J  I  U  M  O  E  P  R  B
N  M  I  G  S  R  M  N  T  X  T  M
I  M  Q  X  T  U  R  A  S  W  U  G
C  O  M  P  O  S  E  R  A  L  R  Z
T  C  F  K  V  P  T  Y  M  Y  E  Q
I  G  P  E  R  F  O  R  M  E  R  M
```

CHAMPION	DOER	NURTURER
COMMANDER	GIVER	PERFORMER
COMPOSER	IDEALIST	PROVIDER
COUNSELOR	INSPECTOR	THINKER
CRAFTSMAN	MASTERMIND	VISIONARY

SOLUTION ON PAGE 303

THREE-SYLLABLE WORDS

```
A T N E M U C O D W A F
E O X B N M L R V G V C
R O T I S I V E W G G A
A E P O B L M T U S O V
U Z C R I Q U A L I F Y
M D A I E D R E X P H Z
B R K B P A U H Q E C M
Y K W V N E C T R R Y T
V C P T X E V I S S Z Y
A R E M A C T B T O R E
G E Y Y Q A Y E C N P P
X B A N G K R C C N A Z
I T C E S Y U O V E S E
G K G F R P I I W L I Q
O C C S Y Y W C K L S D
```

AREA	HERITAGE	QUALIFY
CAMERA	LIBRARY	RECIPE
DOCUMENT	MYSTERY	STUDIO
EXAMINE	OCCUPY	THEATER
GUARANTEE	PERSONNEL	VISITOR

SOLUTION ON PAGE 304

FAMOUS DETECTIVES

```
N T I L L E H Z E U Q E
Z O Z A X P R M H X W H
Q T S T S N R S M O E P
T J I A E P E M L S Y O
Y F X Y M I A R O U B L
T Z R W L H A D A B M A
F U S G O M N I E E T T
I O L X H A M M E R R N
D A Z T O R I O P L O E
D F N E S P E B R O W N
J M D R Y L P H R S X I
P Q P G Y E D H C F E T
Y V N I P U D W Y R B N
M U T A M E U K K G A O
R H Y M V G F T D T H C
```

ARCHER	HAMMER	MASON
BROWN	HOLMES	MORSE
CONTINENTAL OP	MAIGRET	POIROT
DALGLIESH	MARLOW	REBUS
DUPIN	MARPLE	SPADE

SOLUTION ON PAGE 304

```
S R U W H D F S P P N U
E F E G I A L I S S O F
I T X N J M H L E Z I Y
D G P I E Y S G P J T R
Y B Y T S E U Y D X A E
V N O A R C R Y P T V T
F U Y D B A B C X O A T
L D E W M Q H T S S C O
G B I I X O T I R A X P
P U D G Q L O B F S E J
O P H S S F O I C J R B
D I X S L I T H I C R B
Q S N I U R T X Q N E N
P M N U A D L E W O R T
W T H G Z M U G V R I T
```

ARTIFACT	EXHIBIT	PYRAMID
CRYPT	FLINT	RUINS
DATING	FOSSIL	SCREENER
DIG SITE	LITHIC	TOOTHBRUSH
EXCAVATION	POTTERY	TROWEL

```
T  L  L  D  N  R  I  D  L  O  W  P
C  H  I  B  B  O  U  F  F  A  N  T
C  S  T  A  A  C  R  G  I  Q  I  L
Y  F  T  B  T  G  M  P  Z  S  B  F
A  A  L  Y  P  K  E  E  A  R  L  B
P  F  E  D  P  N  C  L  N  K  W  L
I  Y  B  O  I  W  O  O  W  Y  X  B
N  X  L  L  L  G  M  S  C  E  J  H
A  D  A  L  L  M  N  I  U  X  O  G
F  V  C  M  O  S  A  M  F  O  I  L
O  A  K  J  W  A  K  A  R  T  L  Y
R  S  E  D  C  Z  W  C  N  Z  A  B
E  S  T  R  A  P  L  E  S  S  R  Z
T  F  I  H  S  P  T  F  Q  I  N  F
D  I  Q  F  E  X  F  Y  D  R  S  N
```

A-LINE	CAMISOLE	PILLOWCASE
APRON	COCKTAIL	PINAFORE
BABY DOLL	DIRNDL	SHIFT
BLOUSON	LITTLE BLACK	STRAPLESS
BOUFFANT	MAXI	TENT

BIG TECH

```
V P T P O E G M Y N K V
Z F N V L L D Z T N O P
U V E L D P N C F Y O F
Z L C B A P N E O P S S
K I N G I A O U S A O F
A Z E Z G W C E O N O A
L L T W R M X U R S R C
V L I R A X O R C O X E
G I E B J U F X I N G B
A E Z D A A H N M I H O
M P R L I B T F E C D O
A X L D I E A R F Y C K
Z B I C L I L K J J R W
O V V G N U S M A S B H
N J U U T E B A H P L A
```

ALIBABA	FACEBOOK	NVIDIA
ALPHABET	FOXCONN	PANSONIC
AMAZON	HUAWEI	SAMSUNG
APPLE	INTEL	SONY
DELL	MICROSOFT	TENCENT

SOLUTION ON PAGE 305

SOFT DRINKS

```
S P O G R R F H C D T W
F K G R U F S R I F G E
T D U H P M U A B A Y D
S O U T J S M G K N E N
I M T O H E B E L T X I
K Y W V T Q A C I A D A
N D R U 7 E O R V R Z T
U 7 N D I C P T P U 7 N
S I G X A S E E 7 K J U
M D O C X D P W 7 V P O
E M O I N P A P V S L M
M L S E E D L N E F E Q
A M U R P D U F A P D P
S E P P E W H C S C S A
H Y A A N D W W Z I E I
```

7 UP	DR. PEPPER	MUG
A AND W	FANTA	PEPSI
CANADA DRY	MINUTE MAID	SCHWEPPES
COCA-COLA	MOUNTAIN DEW	SPRITE
CRUSH	MOXIE	SUNKIST

SOLUTION ON PAGE 305

```
D F O G H O G W E D S Q
I U Q L F Q A V N C W B
S B N O I T A V E L E W
C U J R D V N E A A E N
O V X I H E R Y U D T I
T W D A W V S T P J E U
H H J U A X I I P G S B
E N E Q B F R B R U T E
Q M U E U L O M I E T Y
U J J L D N I U D R H L
E D D F O G O N E R I F
Y A D S R A E Y W E N E
Y F P B P N B A D P G H
S Z N V V E U Q X I H T
H J H Y H W M F X Y Z W
```

BEAUTIFUL DAY   ELEVATION   ONE

BONO   FIRE   PRIDE

DESIRE   GLORIA   SWEETEST THING

DISCOTHEQUE   NEW YEARS DAY   THE EDGE

DUBLIN   NUMB   THE FLY

COMIC STRIPS

```
M J H E A N D Y C A P P
A D L I H M O O R B E B
B X Z F A N V W G A E M
L H C A O N I J N E I D
O E U M Z X D U T G H G
O D L I J N T L G Z C C
M I T L P S E R O A R D
C S G Y Y B G V O I A V
O R D C A T A D W T S W
U A W I Z A R D O F I D
N F L R L S F Z A T J M
T E F C W B I O E O J J
Y Y R U B S E N O O D I
Z E Q S M C L R E K G F
U H H S F J D C T Q C I
```

ANDY CAPP	DILBERT	GARFIELD
ARCHIE	DOONESBURY	HI AND LOIS
BEETLE BAILEY	FAMILY CIRCUS	PEANUTS
BLOOM COUNTY	FAR SIDE	WIZARD OF ID
BROOM HILDA	FOX TROT	ZITS

SOLUTION ON PAGE 305

```
Q Z S L F B Z V L J K Z
V P R E S E N T S V J H
D D H S K O H F P F Q Y
K D V N J A K O B X R N
X U E I P F L F N E F A
D S V T X L K F E S P M
Y Y Y T E D E D W L S W
Z A J O O Q N G C O J O
V D D P T I M N N R N N
G I N G E R B R E A D S
L L I R L A K X R C A X
D O R E T F C E S N Y E
J H M K S S N E T T I M
F E S T I V E A Q G Z W
J T S N M G U A P G F E
```

ANGEL	MISTLETOE	SANTA
CAROLS	MITTENS	SNOWFLAKES
FESTIVE	PEACE	SNOWMAN
GINGERBREAD	PRESENTS	TINSEL
HOLIDAY	REINDEER	TOYS

```
N L N O D B Q E X Y M D
E T A B Y S S I N I A N
T V V T V R X E Y G I K
E M H N N S C H V N B
S E S E A E A R P C E N
P D I S K Y I Q S X C K
U B K E Y B A R S A O J
B U R M E S E L O R O W
Y S U A R O G N A K N X
V P T I K T I T G M N J
P E R S I A N O Y A I Y
P B J E D X X Y M N L H
Q R C O N H A G F Z O N
D A X R E N F E Q Z Z L
S L L O D G A R L H B G
```

ABYSSINIAN	KORAT	RAGDOLL
ANGORA	MAINE COON	SIAMESE
BENGAL	MANX	SPHYNX
BURMESE	ORIENTAL	TOYGER
HIMALAYAN	PERSIAN	TURKISH VAN

FOODS NAMED AFTER PLACES

```
D Q O C S A B A T N R V
X F R A N K F U R T E R
T H O L L A N D A I S E
Z S M I T T E K K E U J
B R A F X V U N C N F R
A Y I O X P E V A I I E
K S N R T K A N J R G G
E Y E N C S P C Y E N R
D N N I X T A O E G E U
A Z H A M J K X R N W B
L C X R V Y M U E A T M
A N G O L O B I T T O A
S N V L M A W R N Z N H
K P N L Y Y F J O F E K
A G S N A E B A M I L N
```

BAKED ALASKA	FRANKFURTER	ROMAINE
BOLOGNA	HAMBURGER	TABASCO
CALIFORNIA ROLL	HOLLANDAISE	TANGERINE
CHICKEN KIEV	LIMA BEAN	TEXAS TOAST
FIG NEWTON	MONTEREY JACK	WIENER

SOLUTION ON PAGE 306

PARTS OF A CAR

```
G H Z D E S S J V O Y
N W L H T X B I P V U E
P O B E T A G L I A T X
D Z I L Y X E Z Y A S V
G W V S E Q B G L Z I H
N A U Q N G B P M L D D
I U N U I E E L A K E L
R W S J G S P N X T M E
E O H R N L G S L C I I
E D B E E I K E U W R H
T N C E S P B Y O S R S
S I H N O T M J H O O D
L W R Z A M G U A X R N
Q U Q E F Q C D B B V I
T Q S U N R O O F E M W
```

BUMPERS

ENGINE

HOOD

LICENSE PLATE

OUTSIDE MIRROR

SEATBELT

STEERING

SUNROOF

SUSPENSION

TAILGATE

TIRE

TURN SIGNAL

WHEEL

WINDOW

WINDSHIELD

SOLUTION ON PAGE 306

LAS VEGAS

```
L L I S L Z O T K F O A
O T H I Y G W S Q I W S
F O U N T A I N G T B C
B S Q C R M H A R R L V
Z Z N I U B L O A R A V
O R A T P L P Q R X C Q
V N I Y E I F J A Y K L
W R T B C N R Q H M J M
Z M E A G G M T A E A E
M D N S O O N I S A C W
Z A E V O B I L R E K O
P P V S X R O N S A H Y
F F U K E T T E Y K G T
B H D J S R A U I Z U E
J Z D Y U E T Z Z M B O
```

ARIA	FOUNTAIN	SIN CITY
BELLAGIO	GAMBLING	SLOTS
BLACKJACK	MIRAGE	THE STRIP
CASINO	RESORT	TROPICANA
DESERT	SAHARA	VENETIAN

SOLUTION ON PAGE 307

SHOPPING MALL STORES

```
F  F  I  Q  Z  V  V  C  G  S  E  O
R  G  C  L  A  I  R  E  S  D  I  L
A  W  S  N  E  P  Y  Z  P  H  U  Q
M  Z  S  A  I  B  J  J  I  L  L  I
E  E  E  E  C  I  T  S  U  J  A  N
R  B  L  L  K  S  V  L  F  A  O  U
I  M  A  T  H  L  E  T  A  R  C  U
C  O  T  K  I  M  P  C  D  S  F  Q
A  D  S  V  O  K  G  S  N  F  N  J
N  T  O  N  L  Q  T  B  K  A  M  O
E  X  P  I  S  R  S  F  I  Y  R  S
A  A  O  H  O  T  T  O  P  I  C  F
G  I  R  M  T  R  W  L  P  B  M  K
L  G  E  X  D  M  M  V  W  K  H  X
E  G  A  M  E  S  T  O  P  M  D  N
```

AEROPOSTALE	GAMESTOP	LIDS
AMERICAN EAGLE	GAP	LULULEMON
ATHLETA	HOT TOPIC	NORDSTROM
CLAIRE'S	J JILL	UNIQLO
FRANCESCA'S	JUSTICE	VANS

SOLUTION ON PAGE 307

HEAVY METAL BANDS

```
F  M  Y  D  P  A  N  T  E  R  A  N
V  I  A  J  W  C  A  S  L  A  I  G
I  U  J  R  P  B  L  R  P  I  D  E
X  M  S  O  A  I  F  E  R  N  U  D
N  A  X  V  P  F  P  Y  U  B  V  U
Q  Q  R  K  M  Q  I  A  P  O  I  Z
M  K  N  H  D  E  R  L  P  W  C  C
M  O  I  N  T  I  G  S  E  F  I  V
T  K  T  E  J  N  O  A  E  N  N  G
V  I  R  O  N  M  A  I  D  E  N  Z
J  S  G  P  R  A  O  A  S  E  K  E
D  S  U  E  D  H  N  N  Z  I  T  J
R  R  U  T  G  Z  E  C  E  R  J  H
G  X  G  H  I  T  E  A  G  V  V  W
R  U  L  G  R  F  A  G  D  W  P  F
```

ANTHRAX	IRON MAIDEN	PANTERA
DANZIG	KISS	RAINBOW
DEEP PURPLE	MEGADETH	SLAYER
DIO	MOTORHEAD	SLIPKNOT
GOJIRA	OPETH	VENOM

LAB EQUIPMENT

```
Y J D N Q J O R N L J Y
Q L P L A B C O A T S V
C F S G B D K G N C N E
B Z L D U C B E A K E R
L J A A N V U F V R L N
E P O C S O R C I M X I
Y I K E E K E C M O E E
K P G Y N R T P F B V R
I E U T B V T Q U O N C
L T X Y U N E T S M O A
H T A B R E T A W A C L
V E U C N S I V V G F I
G L O V E S G A Q N Y P
L Y J T R H S A W E Y E
C W M H O T P L A T E R
```

BEAKER

BUNSEN BURNER

BURETTE

CONVEX LENS

EYE WASH

FLASK

GLOVES

HOT PLATE

LAB COATS

MAGNET

MICROSCOPE

PIPETTE

TEST TUBE

VERNIER CALIPER

WATER BATH

THINGS IN THE BASEMENT

```
Z T N I A P E S U O H E
N F A R B P Q L W F Z W
G E N E R A T O R N A O
S Q G T E O Y O S S Z R
O L L A Q R D T H A K K
J N G E V I D E C C D B
S T V H F U R N A C E E
I U P R E M Y R N D W N
H O M E B R E W N O E C
J D X T H N R J E J I H
C A G A I K A J D P G V
S B E W B O C I F Q H F
R E T T U L C E O Q T T
D E C O R A T I O N S L
Q K Z H J E N G D V H Z
```

CANNED FOOD	FURNACE	TOOLS
CLUTTER	GENERATOR	WASHER
COBWEBS	HOMEBREW	WEIGHTS
DECORATIONS	HOT WATER HEATER	WINE RACK
WORKBENCH	HOUSE PAINT	DRYER

FAMOUS WRESTLERS

```
T I S W S Y F E W Y B B
E L G N A T R U K C O R
P I B Q T C Y S N V M E
N G P A N E C N H O J T
A N F Q A F K M Z U L H
G I G L I R C Z N W Z A
O T T J G E R D F A E R
H S L A E P E R T W J T
K U V G H R B K J P U R
L A D K T M I S S I N I
U E N A E G M C B G V P
H V K E R I J C H N P L
E E S O D R O G P O U E
R T D P N G Z Q Y O P H
K S R I A L F C I R S O
```

ANDRE THE GIANT   JOHN CENA   ROCK

BRET HART   KANE   STEVE AUSTIN

EDGE   KURT ANGLE   STING

HULK HOGAN   MR. PERFECT   TRIPLE H

JERICHO   RIC FLAIR   UNDERTAKER

```
T P Z O L H A E X U N I
F D N X Y N U D J U M I
E N I L S A G A S Y Y W
T F X V P J W C D Z Z C
E Q O T A W W E I U A E
H S N Q Y D M D S P O K
C W F D V A P E C K T G
O U A I N I E M O H K T
N O I T A L F G A T S N
I G E I E S H T F C M R
P I F C Z R C A R T E R
V V X B U H G L O A U R
H Q A R E P I A O Y R Y
S T A R W A R S T K K M
T O T T P K G C S E V X
```

AFRO

CAMP DAVID

CARTER

DISCO

GAS LINE

KHOMEINI

ME DECADE

NIXON

PINOCHET

ROOTS

STAGFLATION

STAR WARS

THATCHER

VIETNAM

WATERGATE

SOLUTION ON PAGE 308

```
V E G L J O S W I T C H
B D I R L L U N E Q A C
O I S K N A E N I T T U
N L Q D A K T U B V C C
E S L N D F W S I H I L
L D S I X O O M E G T A
E R E Z E O Q T A L C U
S A Y W L T S R K H X N
S O G H A P F S F C I A
M B H E E L F L I P O M
P B R Z I A L G O S Z R
V P Z P S N J R X Y C K
E A U M S T D I I W L M
K I C K T U R N E D P K
T B Y E F G X D M N E E
```

AXLE STALL FOOTPLANT OLLIE

BOARDSLIDE GRIND ROCK TO FAKIE

BONELESS HEELFLIP SWITCH

CIGAR FLIP KICK TURN TIC TAC

DROP IN MANUAL WALL RIDE

```
X A E R I P M E L I V E
M I N O C R D M Y H N Z
R N Z T H E S A C K Z J
A R Z V S S G T C M W O
R O G K B I U O O T N D
Y F O O I D R B N W O S
F I V I K E D R T V D R
N L E L T N N S R F D E
J A R U E T O E A E D N
Y C N A N A R I D T B K
U K O N B N A T B X A U
L Y R P P S W H Q U W O
R H J Q H S L G V K I V
O L A N D S L I D E F R
M J E L L Y B E A N S T
```

ACTOR	EIGHTIES	KNUTE ROCKNE
BUSH	EVIL EMPIRE	LANDSLIDE
CALIFORNIA	GOVERNOR	NANCY
CONTRA	IRAN	PRESIDENT
DUTCH	JELLY BEANS	WAR ON DRUGS

JAPAN

```
L B E W W Z N N B Q F Q
D W J F O B U H O Z N D
A P R B U D G I R T I O
H E R A O V O B I W U U
Y K U H R N H A G J M F
N E S I M A S S A D U M
L P I M H A E A M K K M
U X H O M H L W I D D E
Q P I U Z A P T S D K X
M L R N K I M O N O M Z
J A A T M K E T A R A K
I V G F O U T R Q R Z N
W L A U U K A F I I H N
X U N J A K Y R D P Y W
H D A I M E M O O I M E
```

BONSAI	KARATE	SAMURAI
FUTON	KIMONO	SHOGUN
HAIKU	MOUNT FUJI	TEMPLES
HIRAGANA	ORIGAMI	TOKYO
KARAOKE	SAMISEN	WASABI

```
O G S G U F J S T R L W
C T D A W H G Q O H M Q
O R N E U L B D P Y N B
R U I L S N O Q S D C N
T E M C O R N G D O R N
D D L U T H E R N M E S
L E A L B A S W I D D I
E T N W I H E A L T R V
I E I U P M M W B E O T
H C M T E I Y I A N D Z
S T I O V D H E M G N F
E I R I N O N H N A A B
H V C O L U M B O R W B
T E K N O M U J G D A M
E F N C T L I O N W L B
```

BARNEY MILLER	DRAGNET	MONK
BLINDSPOT	FARGO	NCIS
BONES	LAW AND ORDER	NYPD BLUE
COLUMBO	LUTHER	THE SHIELD
CRIMINAL MINDS	MIAMI VICE	TRUE DETECTIVE

```
H A L T R A G U S P G N
U M T D A D Z U N U J O
W I H O A N U D O R J I
A D A D F U P T I G H T
C N T J O O O I S F T I
U A G D L R A T I H N T
Q U I O G G X N V T S S
R O R J V R G Z G T S R
D Y L A T E L Y O E I E
S F U R R H R O I W R P
A M F T D G H J I B D U
Z W I M C I F S O M U S
M P H L G H H W O Y K H
S Q I H B E V O L Y E H
U J O O V Y T O V O N D
```

DO I DO

FINGERTIPS

HEY LOVE

HIGHER GROUND

I WISH

LATELY

OVERJOYED

SIR DUKE

SUGAR

SUPERSTITION

THAT GIRL

TOO HIGH

UPTIGHT

VISIONS

YOU AND I

WINTER OLYMPICS

```
Z W U A V I Q Y F M R B
B B O B S L E D I O E D
I I H X N K C T G G L K
P A S Q O Z E Q U U A C
J T X N W N N L R L Y U
X H W D B P S K E S X R
G L J E O L A R S T H L
R O H L A W D K K B O I
N N G L R M N S A M C N
K G O K D H O H T B K G
P M U J I K S G I Z E R
D N G X N S E G N L Y E
P V V U G J A X G M L P
H A P I G I P V M U M U
R X H M R Q Z A R A P S
```

BIATHLON

BIG AIR

BOBSLED

CURLING

DOWNHILL

FIGURE SKATING

HOCKEY

LUGE

MOGULS

RELAY

SKELETON

SKI JUMP

SLALOM

SNOWBOARDING

SUPER G

SOLUTION ON PAGE 310

OUTER SPACE

```
P F P H M Q B U A M S R
W C T B I G B A N G H E
I P L E L A U R E O O J
M C E C K L D B B S O B
M P B L Y A J M U U T M
S M R L W X B U L T I T
T I E Z A Y Y N A V N N
Q D P T Y C R E T G G V
P Q I P E P K P E Q S C
R F U O L O J H M A T C
U Y K A R R R Y O J A C
H C N H S E N I C L R B
G E E T H A T S T A E C
T U N I V E R S E E K I
I L O B X X E Y A C V D
```

ASTEROID	KUIPER BELT	PENUMBRA
BIG BANG	METEORITE	PLANET
BLACK HOLE	MILKY WAY	QUASAR
COMET	MOON	SHOOTING STAR
GALAXY	NEBULA	UNIVERSE

SOLUTION ON PAGE 310

COLLEGES AND UNIVERSITIES

```
P Q N Z P R H D T P C I
R U E P T M A C Q N A H
I V E Y D R O F N A T S
N L A T M M M V U N N
C L Z N X O N Z O Q R I
E E T D D X R M P Y E K
T N E I B E T P N Z T P
O R W M Z R R Q U H S O
N O L O A U F B C N E H
M C D D R D A N I M W S
B K H D A B E V O L H N
I C B D R A V R A H T H
H C Y B N R Y I T N R O
A I B M U L O C Q O O J
B E M D D U K E Y D N H
```

BROWN   EMORY   PRINCETON

COLUMBIA   HARVARD   RICE

CORNELL   JOHNS HOPKINS   STANFORD

DARTMOUTH   NORTHWESTERN   VANDERBILT

DUKE   NOTRE DAME   YALE

"F" WORDS

```
W N R L N B Q Z M B O Y
H Q F O I B L E N T V S
V H U R T N E A T H V A
H T C E N O O E N Y I T
Z V H D L O S O V L X N
E Z S L S L K F T N G A
I E I O A W T J Q S F F
K E A F U G I T I V E R
L C U A I W R F X A L F
F N B J I A Y C L O D G
K A H I A O S T Y Y S T
O I S T M M Y C X S P O
V F P A T V B B O T A C
N U I R X V G U F N R F
A Z N L Z H G U V O M K
```

FAJITA   FESTOON   FOLDEROL

FALSETTO   FIANCEE   FOXY

FANTASY   FIASCO   FUCHSIA

FEALTY   FIZZ   FUGITIVE

FELDSPAR   FOIBLE   FUNK

```
L H L C B S Q N P P Y Z
L U R H O T M S Q T R X
K G Q E O U E D C D Z A
V T N B T P R O B S T K
L U S I H L U E T F Q E
L W N Z G N E C W P D K
I Y Y O C N O H Z A L Z
Y S M I V L O A S D R R
X T L U L E C L U V S D
N S Y N Y Q D L U A K H
L A N O I S S E F N O C
K C H I M M U N I T Y R
E T G D E G S G V A M O
W U C O F R F E E G V T
X O U L R T R I B E E Q
```

ADVANTAGE	IDOL	REWARD
BOOT	IMMUNITY	SHELTER
CHALLENGE	MUTINY	TORCH
CONFESSIONAL	OUTCASTS	TRIBE
COUNCIL	PROBST	ULONGING

THINGS WITH SCREENS

```
X L D T E S D A E H R V
M G I L Z M V T B F F F
H U G E M A G O E D I V
S O I E E R F U H A T M
E J T X E T S C N F N O
L E A J A T P H O N E N
F I L T S H G W I N S I
C F C I N E M A S R S T
H O A W C R L L I Q T O
E Y M N D M V L V T R R
C S E P V O V P E K A Z
K O R E U S V L L P C A
O M A C Y T B C E Z K R
U F M J S A E F T O E J
T E A C T T L R V F R U
```

ATM	GPS	TABLET
CINEMA	MONITOR	TELEVISION
COMPUTER	PHONE	TOUCH WALL
DIGITAL CAMERA	SELF CHECKOUT	VIDEO GAME
FITNESS TRACKER	SMART THERMOSTAT	VR HEADSET

SOLUTION ON PAGE 311

STREET SIGNS

```
M G G N I S S A P O N T
D E E R C R O S S I N G
U G R P H W O S A Q D R
W D R G D F A W Y L N F
W I L P E P V K A B E X
K R O W T A N E M K D S
Z B A O C B X E G W A P
N W N W U S H P L N E E
P O T S I D E R O A D E
D R U W X A B I R A N D
K R E T O I Q G W B L L
L A L E U W X H K E N I
L N G O T R A T I W A M
O X R I Q M N Y X P L I
X O V O H L P H F P F T
```

DEAD END	MEN AT WORK	SIDE ROAD
DEER CROSSING	MERGE	SPEED LIMIT
DIP	NARROW BRIDGE	STOP
DO NOT PASS	NO PASSING	TWO WAY
KEEP RIGHT	NO U-TURN	YIELD

SOLUTION ON PAGE 311

"XX" WORDS AND PHRASES

```
T  X  E  P  S  Y  A  R  X  S  B  B
K  R  Q  M  B  P  P  O  S  E  E  C
Z  F  N  W  D  D  R  K  G  X  R  Z
I  W  Y  E  X  E  C  U  T  R  I  X
G  N  I  X  X  O  D  X  X  E  U  L
D  W  B  T  A  T  N  O  X  X  E  E
S  W  T  R  J  N  E  B  C  R  X  Z
J  X  T  A  X  D  A  X  E  C  M  B
E  J  O  E  X  I  F  X  I  R  P  V
L  Y  R  X  X  B  M  S  A  T  Z  P
W  Q  J  T  H  M  E  X  N  X  O  E
S  O  N  R  D  T  E  S  E  M  I  H
N  U  Z  A  A  P  Z  X  O  H  H  S
L  N  L  X  M  V  H  M  I  V  C  T
W  S  U  R  H  S  N  F  J  M  E  Q
```

CHEX MIX	EXXON	X BOX
DOXXING	NEXT EXIT	XANAX
EXCISE TAX	PRIX FIXE	XEROX
EXECUTRIX	TEX-MEX	XERXES
EXTRA EXTRA	X-AXIS	X-RAY SPEX

THINGS IN A BAR

```
E V L O R X P W F J Z V
K Z C T J U K E B O X N
U T Y J D B R L V J A C
N O I S I V E L E T B O
P P F L O O T S G J K O
O S Q L I K S L U B F L
O H I C E M A C H I N E
L E D V R S O R N N T R
T L R R S N C V A Z J I
A F E W A Y Y Y P O N Q
B F A I C F N Y K V K S
L R P R V N T Z I H T E
E Q C R N S T U N A E P
V P X F G W X N N M Q O
J D B E Y D G N J A M P
```

COASTER	JUKEBOX	POOL TABLE
COOLER	KARAOKE	STOOL
DRAFT	NAPKIN	TELEVISION
GLASSWARE	PEANUTS	TOP SHELF
ICE MACHINE	PIANO	WELL

SOLUTION ON PAGE 312

WORLD CUP HOSTS

```
C G Z W D Q Z Y J Y K B
Z T S W E D E N L T Z O
T Q A B L I Z A R B V P
V O K I B T T M C N A R
H Q P V J I F R C S E D
S E T A T S D E T I N U
F A N I T N E G R A G N
F H W Z W N F U L D L P
Q Z P R D A M R O F A E
G V A N R B E U A N N J
K N N A L Z X G I N D H
G I T D T O I U S R C A
N A T I R K C A S H X E
Q P W S J B O Y U N L I
D S O U T H A F R I C A
```

ARGENTINA   ITALY   SPAIN

BRAZIL   MEXICO   SWEDEN

ENGLAND   QATAR   SWITZERLAND

FRANCE   RUSSIA   UNITED STATES

GERMANY   SOUTH AFRICA   URUGUAY

SOLUTION ON PAGE 312

FINANCIAL TERMS

```
L X B E G A G T R O M G
V L P C S F C N Z I M F
J A O N E Q D A T N L R
Z W S A V O I S W V D E
U A O L N Y E G D E D B
R R L A W R Y P G S Y M
G D V B E U C H N T F U
K H E T E E Q L I M K N
F T N B P I R R K E O G
W I C F I O U L C N D N
E W Y Q L T Z H E T P I
C I D F A K C H H B E T
G R L M L R D A C Z J U
X E S T F A R D R E V O
U T E T I S O P E D Q R
```

BALANCE	INTEREST	OVERDRAFT
CHECKING	INVESTMENT	ROUTING NUMBER
DEBIT CARD	LOAN	SOLVENCY
DEPOSIT	MATURITY	WIRE
FDIC	MORTGAGE	WITHDRAWAL

SOLUTION ON PAGE 312

```
H N H L E T N I O L P C
O N I B A A P P L E A F
W O U K N R D R C E Y P
K Z I G E G Z O Q G P O
S A N O T E C E B W A L
H M C L F T A A Y E L G
O A L U L U L E M O N C
P L O H I F P G M J R O
I B R C X A H W Q U V C
F Z O B U P A G F L D A
Y J X A J D B S N S Q C
H J X G L A E M B W Z O
Y E N S I D T L A W Y L
N O H Q C R N X M W U A
M C D O N A L D S C Z P
```

ADOBE	COCA-COLA	NIKE
ALPHABET	INTEL	PAYPAL
AMAZON	LULULEMON	SHOPIFY
APPLE	MCDONALD'S	TARGET
CLOROX	NETFLIX	WALT DISNEY

SOLUTION ON PAGE 312

```
E U H O B Z U Q R H J A
C L J W D U I K D J T P
M U L S E H G I E L A R
T L L I N G V I A O J V
Z O I I V X I N E O H P
M N N W E H T D M E J J
E O C M R A S I Y B L V
Y H O T N E M A R C A S
M C L F Y I F N N Q L U
S F N I T S U A Z N I B
O N O T S O B P Y S D M
I E G U O R N O T A B U
V G K T J N C L I I H L
Y D N O M H C I R S N O
M T T V L B K S H V E C
```

ATLANTA   COLUMBUS   NASHVILLE

AUSTIN   DENVER   PHOENIX

BATON ROUGE   HONOLULU   RALEIGH

BOISE   INDIANAPOLIS   RICHMOND

BOSTON   LINCOLN   SACRAMENTO

FEMALE STAND-UP COMEDIANS

```
N  C  H  K  K  N  D  U  Z  E  E  C
N  K  A  L  I  N  G  S  P  M  X  N
V  U  D  E  G  E  N  E  R  E  S  K
B  J  D  J  Q  N  S  V  O  G  Q  S
D  J  I  Y  Z  O  B  R  R  R  G  I
V  F  S  B  B  T  P  E  E  N  C  L
T  M  H  B  O  S  B  L  I  V  C  V
B  E  W  M  C  D  D  M  G  A  I  E
I  S  L  E  L  N  M  A  R  J  P  R
F  I  G  O  A  U  R  T  G  J  E  M
N  Q  G  H  C  O  I  Y  J  M  O  A
K  Q  D  R  F  P  T  H  U  K  I  N
J  G  F  A  P  O  E  H  L  E  R  D
D  I  L  L  E  R  C  B  V  U  L  H
Z  O  F  F  O  S  F  V  W  K  P  E
```

CUMMINGS	GOLDBERG	POUNDSTONE
DEGENERES	HADDISH	RIVERS
DILLER	HANDLER	SCHUMER
GADSBY	KALING	SILVERMAN
GAROFALO	POEHLER	TOMLIN

```
R B U Y F P O S O L E I
R Q N Z L N E P U K L A
T R C L A I M L H Y I L
R X M L X C P H A O U W
P E B K S Z I U H M Q B
E O A G I D N O B L A N
P D C L W A R F U R L T
W C T C F C P L B E I W
L C O N H F K A H N H L
K X R A A M C U T A C O
V A T J C O S T W O F R
S A I Y A L B A N Y O R
M T L T X E N C L N Y U
A A L K B V H U L S A H
E B A V S A B Q P S A C
```

ALBONDIGA	FAJITA	POSOLE
BARBACOA	FLAUTA	SALSA
CHILAQUILE	HORCHATA	TACO
CHURRO	MOLE	TAMALE
CONCHA	POBLANO	TORTILLA

SOLUTION ON PAGE 313

ZOO ANIMALS

```
U G N R V P B X X A P J
I I T L H Z G C H V E A
D R G X V E I H Z U G G
O A T D W B A I Y W E U
N F R G N R I M N O Y A
K F H O S A I P K E K R
S E I R X B D A K X E M
B L N I B Q P N Y T Z A
J E O L D I O Z A W H V
S P C L R M N E U P A A
T H E A S F T E R P W J
V A R L I N T E F G V M
P N O R A N G U T A N C
H T S X P I O S W J S I
H P G M T Z P I N R I T
```

ANTEATER   JAGUAR   PANDA

CHIMPANZEE   LION   RHINOCEROS

ELEPHANT   MONKEY   SLOTH

GIRAFFE   OKAPI   TIGER

GORILLA   ORANGUTAN   ZEBRA

SEAS AND OCEANS

```
M B J M X T W S E N V C
B U W C G E W G N A I G
T O J R D E I S M F M H
I V D D R N A S I O E E
B X E C B I V C E U D Z
P L F I U P A T G O I G
L C A T W P K I M K T D
L I N C J I G N I R E B
D T W R K L A D J P R X
N N O A E I N I A C R N
T A L O B H K A Z U A H
R L U A Q P T N M A N D
D T R H P L S U B S E T
X A Z J Z I C C O R A L
I O O S S A G R A S N T
```

ARABIAN	CORAL	RED
ARCTIC	INDIAN	SARGASSO
ATLANTIC	MEDITERRANEAN	SOUTHERN
BERING	PACIFIC	TASMAN
BLACK	PHILIPPINE	WEDDELL

SOLUTION ON PAGE 314

```
N E B U E T S N O V Y P
A G F V Q E Z H W M A I
V L I A T R O P U D R L
I J A A R A P G X U O N
L G G X R G I E S N C G
L A E N M R R S F O F E
U T O T I H E E M T K L
S L C R T L Y O E G K N
D C H I L E R F K N O X
Z R H E M G Y I Q I E E
F E V U A H S A T H W T
M C V N Y X P I F S T O
Z R E D A L A W D A C H
Q E L H Q Y E J T W L H
U M Z M C K Y R A S N L
```

ARNOLD	KNOX	SCHUYLER
CADWALADER	LAFAYETTE	STIRLING
DUPORTAIL	MERCER	SULLIVAN
GATES	MORGAN	VON STEUBEN
GREENE	RUSSELL	WASHINGTON

SOLUTION ON PAGE 314

PARTS OF A COMPUTER

```
V  I  D  F  B  A  I  R  D  Q  K  W
I  A  R  U  J  R  R  E  M  D  H  E
D  R  A  O  B  Y  E  K  U  A  A  U
E  M  O  N  C  R  E  T  N  I  R  P
O  Q  B  S  L  W  O  F  U  E  D  C
C  S  R  L  P  V  V  M  P  O  D  K
A  Y  E  L  Z  E  O  E  D  B  R  W
R  Z  H  A  J  U  A  S  V  O  I  I
D  K  T  W  S  T  F  K  T  R  V  D
Z  F  O  E  E  K  N  I  E  G  E  S
T  O  M  R  O  N  N  N  U  R  E  M
U  I  I  I  E  O  N  J  V  S  S  N
K  K  N  F  M  A  C  B  E  W  O  C
W  A  P  J  C  M  K  T  N  X  Z  W
T  L  R  S  F  B  C  V  D  N  O  R
```

CPU	MOTHERBOARD	ROUTER
FIREWALL	MOUSE	SCANNER
HARD DRIVE	PRINTER	SPEAKERS
KEYBOARD	RAM	VIDEO CARD
MONITOR	REPEATER	WEBCAM

SOLUTION ON PAGE 314

APPS

```
J V R S I X Q F N I O Q
J D T U C B B X C Q P G
A V T F I E B U T U O Y
X S M A R G E L E T K O
R P K E H Z S R V T E G
I J L O B C E P L R M N
R Y S L T D P P O I O I
C N L V N K E A L B N L
Y J T I Q T I S N S G O
C F T G A B G T T S O U
L J I V Y M S A O W B D
X V Z T R Z G H D E M K
X O L B O R Z W R D M W
E O Y O A P L M H U I B
D R M M A P S H J J E V
```

DUOLINGO	ROBLOX	TINDER
GMAIL	SNAPCHAT	UBER
INSTAGRAM	SPOTIFY	WHATSAPP
MAPS	TELEGRAM	YOUTUBE
POKEMON GO	TIKTOK	ZOOM

SOLUTION ON PAGE 314

SCRABBLE

```
H Y A B T Q G D R S A I
N R A R R K U O Q Y Y B
R A W L I M R U J V B Z
Y N O H P A A B W H C U
Y O D I L R C L B E C X
C I K I E G K E P E E N
H T R T W A K L P L L Q
V C L H O N Q E I G N V
B I S G R A F T Q O K X
N D N B D M U T O O H W
W I B M S I S E R X E A
B Z K A C M Z R B X G M
Q A W U O U P U S P A X
M O D N R M K N A L B G
U E G N E L L A H C E C
```

ANAGRAM	DICTIONARY	PHONY
BAG	DOUBLE LETTER	PLAY
BINGO	DUMP	RACK
BLANK	HASBRO	SQUARE
CHALLENGE	TRIPLE WORD SCORE	TILE

```
N M V B K R W B R I S Z
E A Z M Q R B D Q M U Y
P E N I C I L L I N R G
E S W O O Z N R A O A M
S E Y N B M O V E Z S T
B K I S R O I H Q A E R
V C A N E S T H E S I A
S U P L X M A R R S Z N
N S C L R A N D H Q V S
I J W E A R I F E O P P
M O G C Y T C X Y W Z L
A E N M Y P C V B T P A
T S Q E Q I A C X C K N
I O R T S L V L J N R T
V I N S U L I N Q E Q Y
```

ANESTHESIA	INSULIN	STEM CELL
BIONICS	NANOBOT	TRANSPLANT
DNA	ORT	VACCINATION
GERM THEORY	PENICILLIN	VITAMINS
HRT	SMART PILL	X-RAY

SOLUTION ON PAGE 315

```
T E A Z M C G I F E D S
Q S V L Z N D B F B B V
H O R R O R D R D I A B
U P J E E C O U O T C U
T L I N T M H G K M Q S
W N I J A U R J X T T I
W Y O N P A P Y F R H N
D R C V P O U M O U L E
B E K H E J L P O E W S
W T Y T H L S I M C C S
  I S R X S A S M T R D D
M Y X E C O N O M I C S
C M M T Z H P L K M C L
Q A R F L U Y B C E T S
G V A L M Q T G W K M J
```

BIOGRAPHY	HORROR	POLITICS
BUSINESS	KIDS	ROMANCE
COMPUTERS	MYSTERY	SCI-FI
ECONOMICS	NOVELS	SPORTS
GAMES	POETRY	TRUE CRIME

SOLUTION ON PAGE 315

MOVIE FRANCHISES

```
W L H T M L C H S I M C
S O P T O Y S T O R Y S
S R A C R V W K O A E M
C D A X C I R C V N M R
C O D W L V K Q O R Y E
P F A I R Y L J V E X T
F T G L X A A D A H C T
L H N H L N T D E T X O
T E C U A I U S G A A P
X R V I E K Z N M F X Y
N I D R S I U D Z D F R
N N R P A A A H O O B R
I G W T O M K M I G O A
T S E M A G R E G N U H
X A T J A M E S B O N D
```

CARS   INDIANA JONES   MATRIX

GODFATHER   JAMES BOND   ROCKY

GODZILLA   LORD OF THE RINGS   STAR WARS

HARRY POTTER   MAD MAX   TOY STORY

HUNGER GAMES   MARVEL   TWILIGHT

BANKING

```
T N N J L K B I E U C N
S D M F A T B N W E S Z
N V U T W R D T E Y T I
P C I N A O L E K O N U
L V D N R V L R Z V E W
G C C S D E U E X Z M D
N H E T H R Y S N U E M
W E F X T D Q T G P T L
F C G S I R U Z O I A P
P K O A W A E S J H T F
P T K V G F I A S H S C
U N U I I T J U S H L V
X U Y N T C R W X U H R
M D E G M O A O F Q R Z
D N C S E A D W M E U Y
```

ATM	ENDORSE	OVERDRAFT
BRANCH	FEES	SAVINGS
CDS	INTEREST	STATEMENT
CHECK	LOAN	TREASURY
DEPOSIT	MORTGAGE	WITHDRAWAL

SOLUTION ON PAGE 316

```
G R H I Q V X P C W G C
F L Y B R I D G E D D S
V N D I N G H Y N Z H C
F A R U M J B U U K G F
H R O P Y W O A U P F L
Q A F J K R H R M I X F
S M O U A T N E K I J H
C A I K J O G S G X A N
P T L H O K J I C E E F
M A Y T A G I U G O X I
W C N F W Y V R P K A S
U O G H R A A C G S A H
P Q N R N B T C T F I I
T V E C C J P E H H T N
Z F Q R E L W A R T U G
```

BARGE   FISHING   SKIFF

CATAMARAN   FLYBRIDGE   TRAWLER

CRUISER   HYDROFOIL   TUG

DINGHY   PONTOON   WALKAROUND

FERRY   SALTWATER   YACHT

NAMES FOR MAC OS RELEASES

```
V Y S N I Y O V M P V A
D S O X M K I J H S E P
I H W S M J X L I O N X
H A T E E H C H G A T X
J D P T A M U P H J U C
M T R G C B I G S U R T
R C R A D G X T I Y A G
N A T I P A C L E I U A
W T K X T O E R R V G K
S A T C Y I E V R E A S
C L C X B T G L A Z J G
F I P A N T H E R J I C
X N X O H W U C R M O Q
X A M C B J C U D L X M
E V V P J C M R F R L A
```

BIG SUR   JAGUAR   PANTHER

CATALINA   LEOPARD   PUMA

CHEETAH   LION   TIGER

EL CAPITAN   MOJAVE   VENTURA

HIGH SIERRA   MONTEREY   YOSEMITE

TYPES OF RESTAURANTS

```
E B F X Q N F U Y M K S
F I N E D I N I N G Y P
A A O A W L P X X E X J
C C O F F E E S H O P A
I A P A T H J Q D C F Q
N J S E U C E B R A B E
H F Y U D I A S M G U I
T F S U A M X G A Z V R
E F A M I L Y S T Y L E
F V E S O D T W A R H S
F G R F T R Z V R T H S
U G G N O F T Y E T Z A
B F R P V V O S N S S R
L T U R Y R R O I F O B
O B R A A D X F D B Y I
```

BARBECUE   CASUAL   FAST FOOD

BISTRO   COFFEESHOP   FINE DINING

BRASSERIE   DINER   GASTROPUB

BUFFET   ETHNIC   GREASY SPOON

CAFE   FAMILY STYLE   MICHELIN

SOLUTION ON PAGE 316

FAMOUS CEOS

```
I O D P S A N D B E R G
E A Z E E K I T N Q N C
B X T C D S B Q M A C P
M A D Y L U B S D G P W
G I M G F M O E Y V M I
N R T F G Z L F T S L A
A A E T E L U S E L Y W
H T N B A L L M E R E I
Z Q D O R L J P F N I H
E T C W O E V U O A Z R
D L K W B Y K M H A D O
C S J I K C I C J O W E
J F X R A D I O U E C B
E U U Y A P X O O Z W X
H K K O L V M K R O P Y
```

BALLMER	GATES	PICHAI
BEZOS	MITTAL	SANDBERG
BUFFET	MUSK	WOJCICKI
COOK	NADELLA	ZHANG
DIMON	NOOYI	ZUCKERBERG

VEGETABLES BEGINNING WITH A "C"

```
A M D E A I S E V I H C
L U Q G C A S S A V A O
R M T A D X P C L U E L
C E K B O H L H L L V L
J H T B T R N I P B S A
R T I A A W F C V N S R
P N V C M L E K P Y R D
C A R R O T D P E C E G
R S K W T R F E H E B R
E Y E A Y M Y A W Y M E
S R N N R D T K R U U E
S H P I R Y C E Y H C N
S C D B E I L A X Q U S
M Z N Q H E Y N W T C B
J C V C C E L E R I A C
```

CABBAGE

CARROT

CASSAVA

CAULIFLOWER

CELERIAC

CELERY

CHERRY TOMATO

CHICKPEA

CHRYSANTHEMUM

COLLARD GREENS

CHICKWEED

CHICORY

CHIVES

CRESS

CUCUMBERS

TRIVIAL PURSUIT

```
G Q R K G C C O I N S K
S U E G D E L W O N K C
L Y A N S W E R O V E X
I R U I Z T H I Z X N S
T O T W U I T E G X T K
E T I Z K S R L E R E V
R S C I E N C E O L R N
A I U U H S G P G Q T Y
T H Q N Y R S B R W A R
U B W Q E E C H A C I U
R A Y Z Q G W Y P S N D
E R U S I E L F H Y M M
N I R Y Y A V W Y A E P
E G D E W P D S W S N P
W A M P Q Y Y O P E T A
```

ANSWER	GEOGRAPHY	QUESTIONS
ART	HISTORY	SCIENCE
DIE	KNOWLEDGE	SPORTS
ENTERTAINMENT	LEISURE	WEDGE
GENUS	LITERATURE	WHEEL

BASKETBALL

```
D D R N P H S F C Q Y F
S R E T O O H S M F T X
W I N N Z F M L A Y U P
V B N B F T G S E P R O
Y B N B U X T J T M N S
X L G Y O B H S E B O S
Y E V N R U I U L L V E
E T P E I S N O B V E S
R P A M S L C D U B R S
B K B A S K E T O F D I
O N D B I F W V D R U O
Y J L N H M B P A U D N
Y Z G L W P L U P R N J
W W Q T K A G L M U T K
P B G N G G O H H C I M
```

ASSIST

BASKET

BLOCKING

DOUBLE TEAM

DRIBBLE

DUNK

FAST BREAK

GUARDS

INBOUND

LAYUP

PASS

POSSESSION

SHOOTER

TRAVELING

TURNOVER

OPERAS

```
E K P B O D M O Q Z A T
O J V N O L I E A G H U
O S H D Z R A Z E E V Q
N P M O O R O S M T T L
A Q W T I Z O E C B Q V
R V A T Z H T L O A J U
P R O E Q P N T W R L I
O C M R M C A I G I K A
S L Z B C C C T H T O B
K P Z I R H L R D O T C
F G O L I T E U D N L V
U I I I V X B S J E A L
I V P U C U L G T R I P
O C O N D U C T O R R G
M X U G G Y B D S S A B
```

ALTO	CONDUCTOR	ORATORIO
ARIA	DUET	ORCHESTRA
BARITONE	LA SCALA	SOPRANO
BASS	LIBRETTO	SURTITLES
BEL CANTO	MEZZO	THE MET

SOLUTION ON PAGE 318

FEMALE POETS

```
Y  M  Y  S  T  V  G  U  X  S  X  U
V  B  R  A  D  S  T  R  E  E  T  R
R  E  D  A  N  F  B  X  C  A  W  M
Z  C  K  C  O  F  T  R  X  Z  U  V
N  D  C  N  S  O  Q  T  O  A  Y  V
L  P  U  K  N  D  N  T  H  N  O  W
Y  A  L  L  I  M  Q  S  P  G  T  I
J  K  G  H  K  M  T  Q  P  E  A  E
L  T  F  N  C  E  H  T  A  L  P  L
L  J  U  L  I  D  B  G  S  O  X  A
S  Q  L  N  D  N  S  B  M  U  J  D
X  R  E  K  L  A  W  I  A  S  A  S
T  S  S  Z  Y  M  B  O  R  S  K  A
H  A  V  C  F  R  E  K  R  A  P  E
H  Z  A  D  Y  E  G  Z  C  B  Y  T
```

ANGELOU	GLUCK	SEXTON
BRADSTREET	MILLAY	STEIN
BRONTE	PARKER	SZYMBORSKA
BROWNING	PLATH	TEASDALE
DICKINSON	SAPPHO	WALKER

BREADS
(page 6)

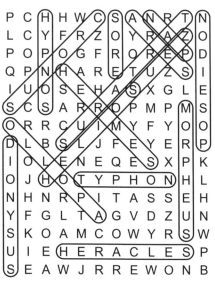

GREEK GODS
(page 7)

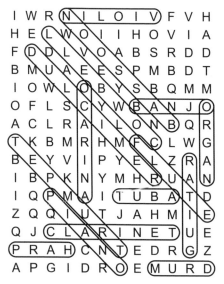

MUSICAL INSTRUMENTS
(page 8)

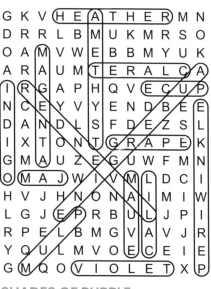

SHADES OF PURPLE
(page 9)

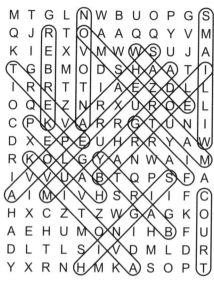

**WIMBLEDON WOMEN'S
SINGLES CHAMPIONS**
(page 10)

HALLOWEEN
(page 11)

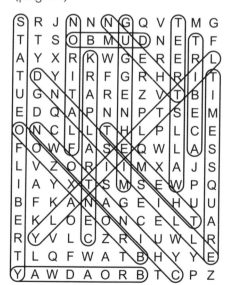

NYC LANDMARKS
(page 12)

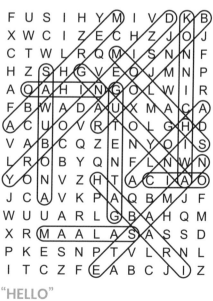

"HELLO"
(page 13)

SOLUTIONS

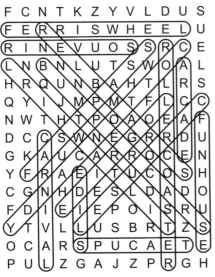

AMUSEMENT PARK
(page 14)

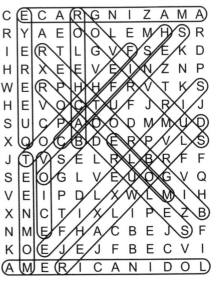

REALITY TV
(page 15)

COWBOYS
(page 16)

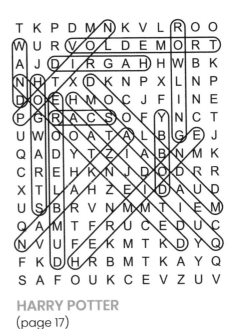

HARRY POTTER
(page 17)

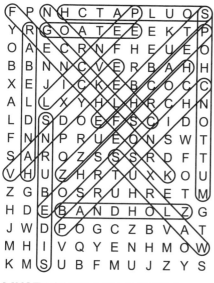

MUSTACHES AND BEARDS
(page 18)

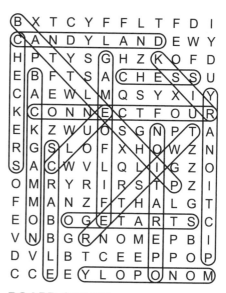

BOARD GAMES
(page 19)

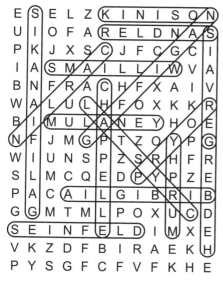

MALE STAND-UP COMEDIANS
(page 20)

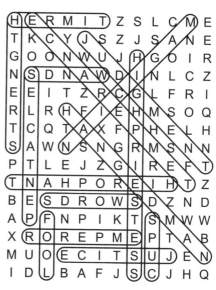

TAROT CARDS
(page 21)

SOLUTIONS

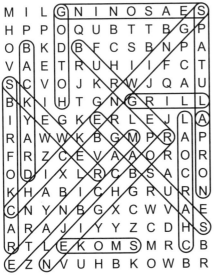

BARBECUE
(page 22)

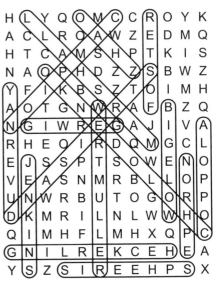

FEMALE DIRECTORS
(page 23)

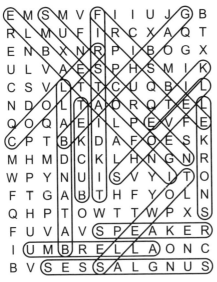

**THINGS YOU TAKE
TO THE BEACH**
(page 24)

RENAISSANCE PAINTERS
(page 25)

MILITARY RANKS
(page 26)

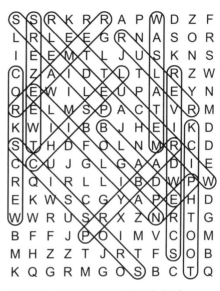

SWISS ARMY KNIFE TOOLS
(page 27)

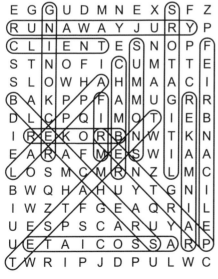

JOHN GRISHAM NOVELS
(page 28)

MASCOTS
(page 29)

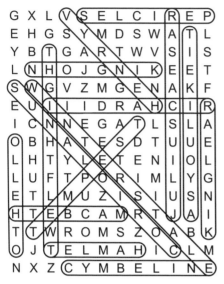

SHAKESPEARE PLAYS
(page 30)

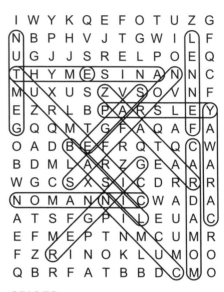

SPICES
(page 31)

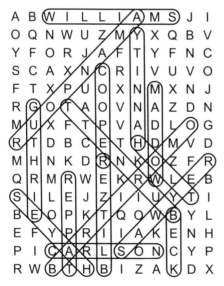

NEW PERSONALITIES
(page 32)

ENVIRONMENT
(page 33)

SHADES OF GREEN
(page 34)

VIDEO GAMES
(page 35)

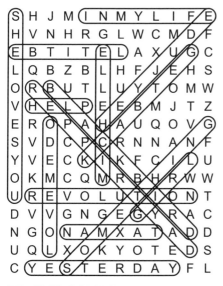

BEATLES SONGS
(page 36)

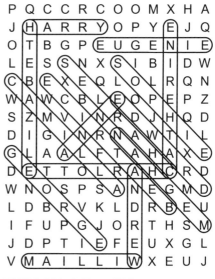

THE ROYAL FAMILY
(page 37)

SOLUTIONS

SWIMWEAR
(page 38)

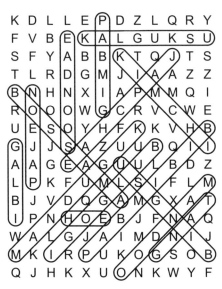

KOREAN CUISINE
(page 39)

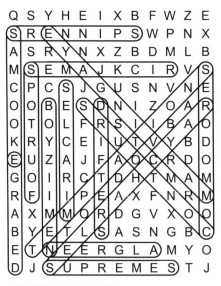

MOTOWN ACTS
(page 40)

JAMES BOND
(page 41)

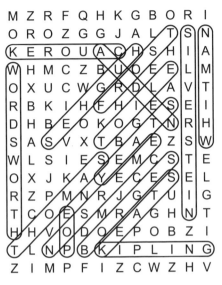

MALE POETS
(page 42)

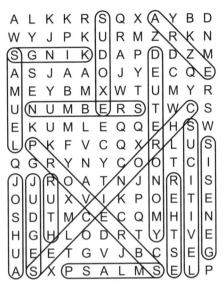

OLD TESTAMENT
(page 43)

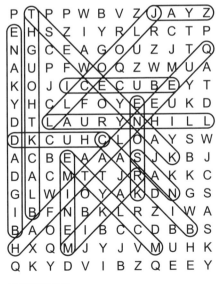

RAPPERS
(page 44)

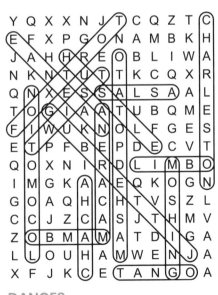

DANCES
(page 45)

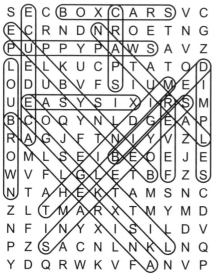

DICE ROLLS
(page 46)

ELECTRONICS COMPANIES
(page 47)

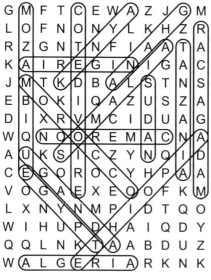

AFRICAN COUNTRIES
(page 48)

MUSICALS
(page 49)

DISNEY PRINCESSES
(page 50)

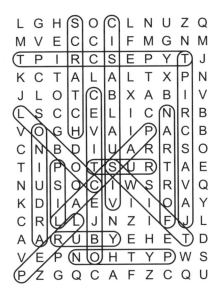

PROGRAMMING LANGUAGES
(page 51)

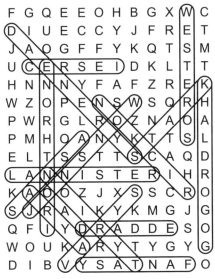

GAME OF THRONES
(page 52)

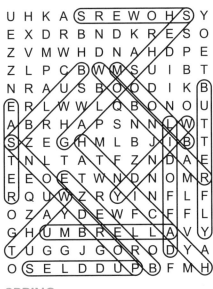

SPRING
(page 53)

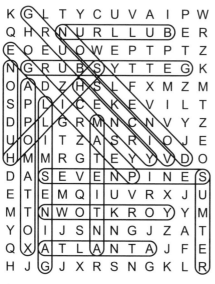

CIVIL WAR BATTLES
(page 54)

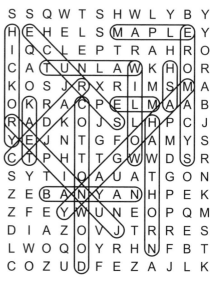

TREES
(page 55)

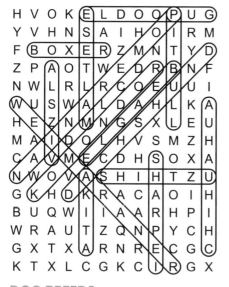

DOG BREEDS
(page 56)

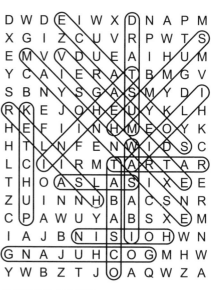

CONDIMENTS
(page 57)

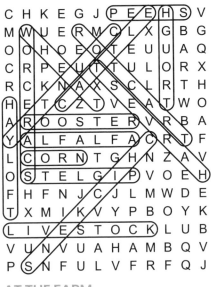

AT THE FARM
(page 58)

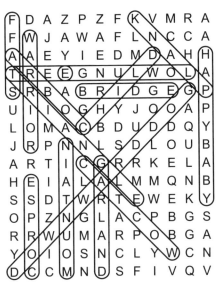

YOGA POSES
(page 59)

INSECTS
(page 60)

ELEMENTS
(page 61)

SOLUTIONS

IN THE DESERT
(page 62)

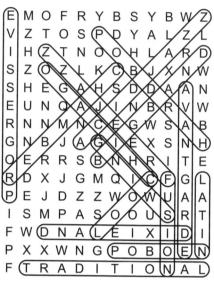

JAZZ SUBGENRES
(page 63)

ASTROLOGY
(page 64)

HOUSEPLANTS
(page 65)

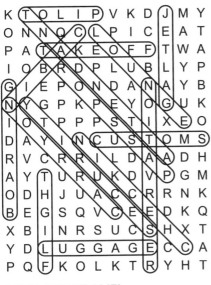

AIRPLANE TRAVEL
(page 66)

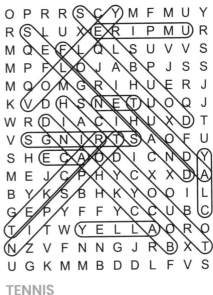

TENNIS
(page 67)

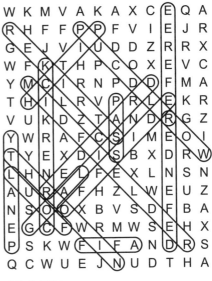

FAMOUS AFRICAN AMERICANS
(page 68)

SOCCER
(page 69)

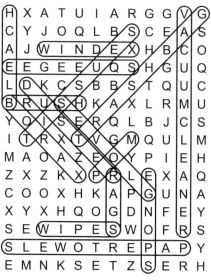

CLEANING SUPPLIES
(page 70)

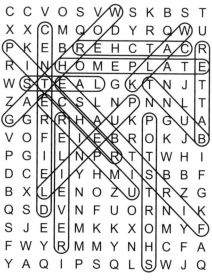

BASEBALL
(page 71)

SEINFELD
(page 72)

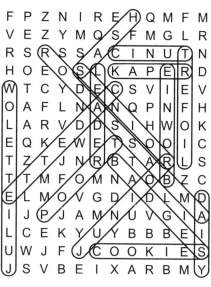

GIRL SCOUTS
(page 73)

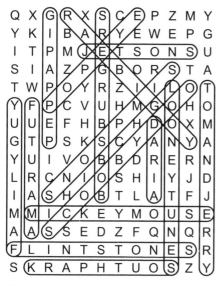

CARTOONS
(page 74)

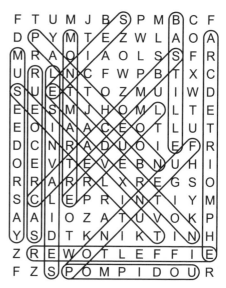

PARIS LANDMARKS
(page 75)

STAR WARS
(page 76)

SNAKES AND LIZARDS
(page 77)

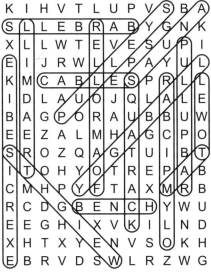

AT THE GYM
(page 78)

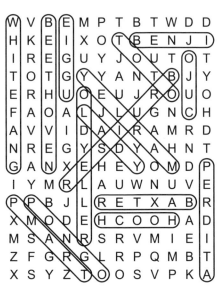

MOVIE DOGS
(page 79)

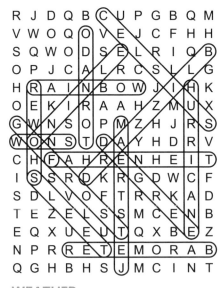

WEATHER
(page 80)

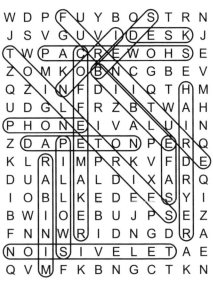

THINGS IN A HOTEL ROOM
(page 81)

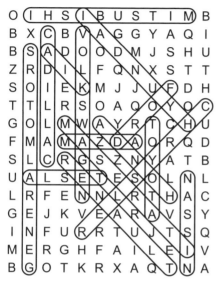

CAR MANUFACTURERS
(page 82)

NUTS
(page 83)

ROCK CLIMBING
(page 84)

PETS
(page 85)

SOLUTIONS

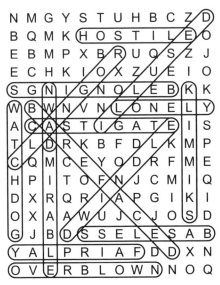

**WORDS AND PHRASES
INVENTED BY SHAKESPEARE**
(page 86)

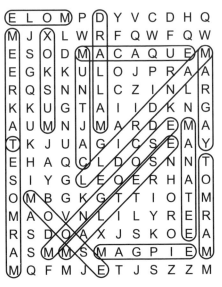

**ANIMALS STARTING
WITH THE LETTER "M"**
(page 87)

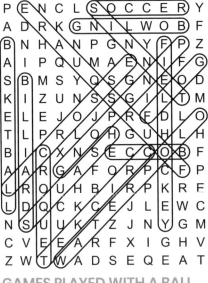

GAMES PLAYED WITH A BALL
(page 88)

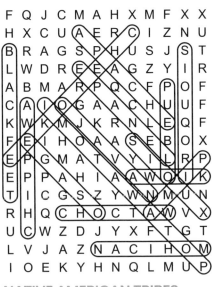

NATIVE AMERICAN TRIBES
(page 89)

SHADES OF YELLOW
(page 90)

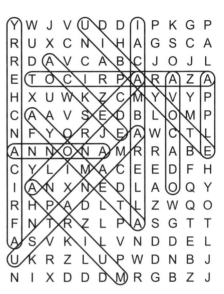

**FRUITS THAT START
WITH THE "A"**
(page 91)

BARACK OBAMA
(page 92)

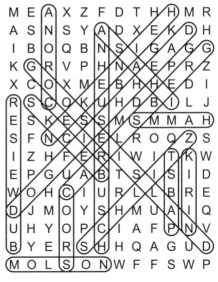

BEERS
(page 93)

SOLUTIONS

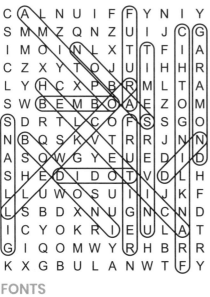

FONTS
(page 94)

AUSTRALIA
(page 95)

LANGUAGES
(page 96)

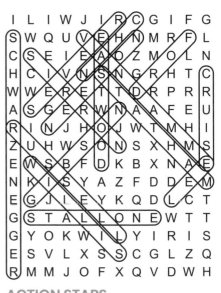

ACTION STARS
(page 97)

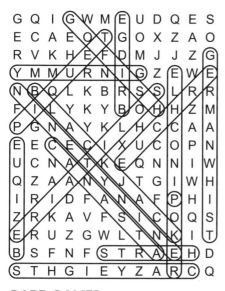

CARD GAMES
(page 98)

SUMMER OLYMPIC
(page 99)

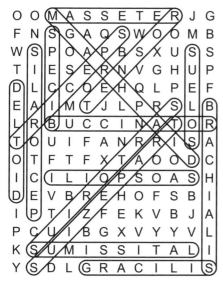

MUSCLES
(page 100)

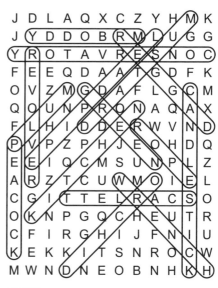

CLUE
(page 101)

FRIENDS
(page 102)

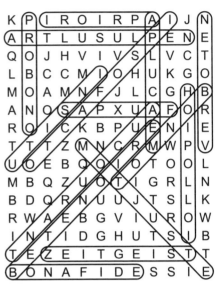

**FOREIGN WORDS
AND PHRASES**
(page 103)

CELEBRITY CHEFS
(page 104)

CANDY BARS
(page 105)

PARTS OF THE BODY
(page 106)

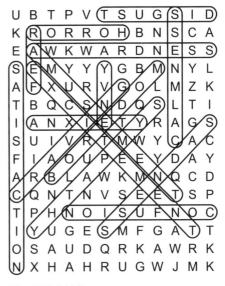

EMOTIONS
(page 107)

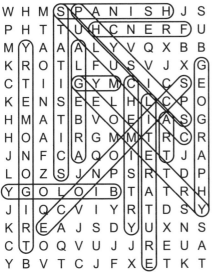

SCHOOL SUBJECTS
(page 108)

MAKEUP
(page 109)

SOLUTIONS

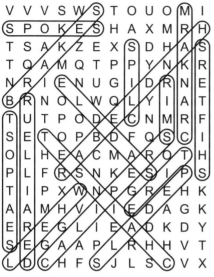

PARTS OF A BIKE
(page 110)

FICTIONAL PRESIDENTS
(page 111)

SWIMMING
(page 112)

CHEESES
(page 113)

**COLLECTIVE NAMES
FOR ANIMALS**
(page 114)

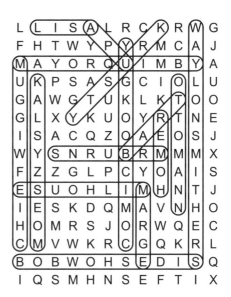

THE SIMPSONS
(page 115)

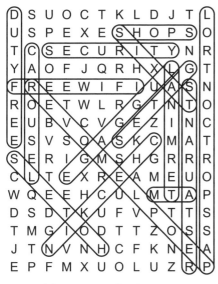

THINGS IN AN AIRPORT
(page 116)

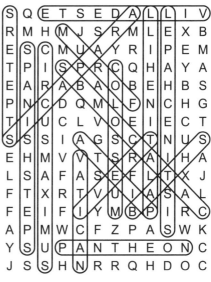

ROMAN LANDMARKS
(page 117)

SOLUTIONS

RUM DRINKS
(page 118)

NFL TEAMS, PART 1
(page 119)

NFL TEAMS, PART 2
(page 120)

ANNIVERSARY GIFTS
(page 121)

HITCHCOCK FILMS
(page 122)

NAMES OF AUGUSTA NATIONAL HOLES
(page 123)

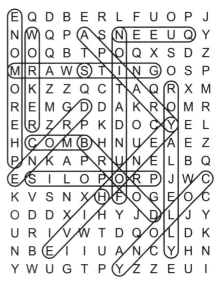

GANGSTERS
(page 124)

BEEKEEPING
(page 125)

SOLUTIONS

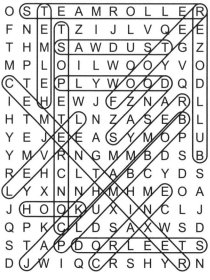

CONSTRUCTION SITE
(page 126)

SHOES
(page 127)

MODERN ARTISTS
(page 128)

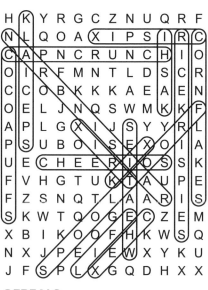

CEREALS
(page 129)

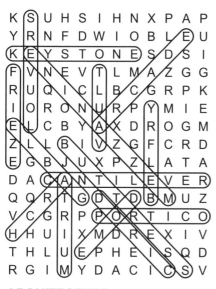

ARCHITECTURE
(page 130)

BALLET
(page 131)

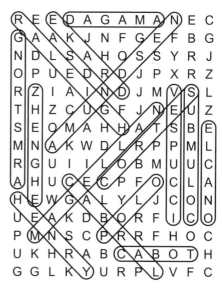

FENCING
(page 132)

EXPLORERS
(page 133)

LANDLOCKED AFRICAN COUNTRIES
(page 134)

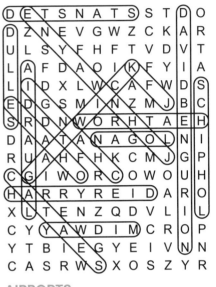

AIRPORTS
(page 135)

SECTIONS OF A NEWSPAPER
(page 136)

FAMOUS ROADS AND STREETS
(page 137)

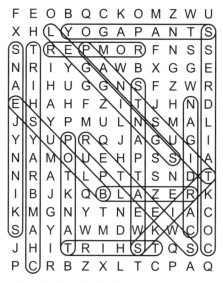

WOMEN'S CLOTHING
(page 138)

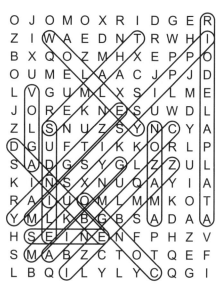

RIVERS
(page 139)

TREATY LOCATIONS
(page 140)

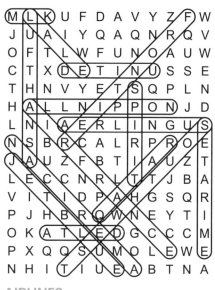

AIRLINES
(page 141)

SOLUTIONS

TOILETS
(page 142)

THINGS TO PACK
(page 143)

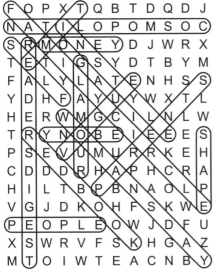

MAGAZINES
(page 144)

FAMOUS BRIDGES
(page 145)

ZEN BUDDHISM
(page 146)

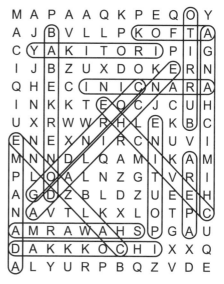

STREET FOOD
(page 147)

GEORGE WASHINGTON
(page 148)

SMALL COUNTRIES
(page 149)

SEARCH ENGINES
(page 150)

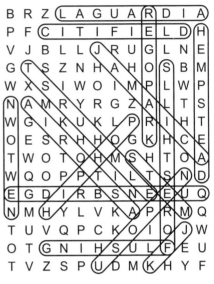

QUEENS
(page 151)

MEASUREMENTS NAMED AFTER PEOPLE
(page 152)

BRITISH PMS
(page 153)

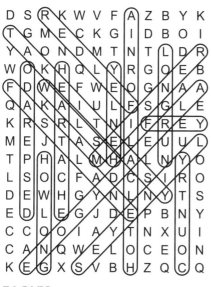

EAGLES
(page 154)

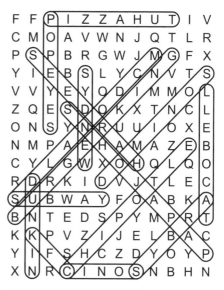

FAST FOOD CHAINS
(page 155)

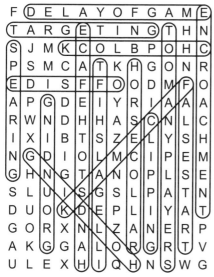

NFL PENALTIES
(page 156)

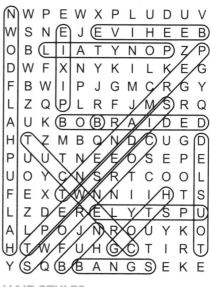

HAIR STYLES
(page 157)

SOLUTIONS

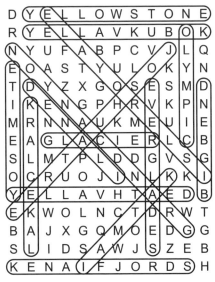

NATIONAL PARKS
(page 158)

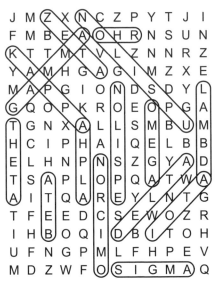

GREEK LETTERS
(page 159)

BIRTHSTONES
(page 160)

BLACK AND WHITE ANIMALS
(page 161)

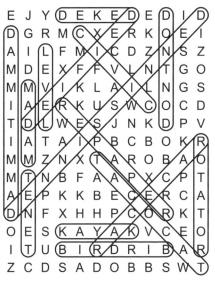

PALINDROMES
(page 162)

WORDS BEGINNING WITH "CON"
(page 163)

BLUE THINGS
(page 164)

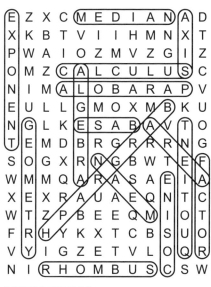

MATH TERMS
(page 165)

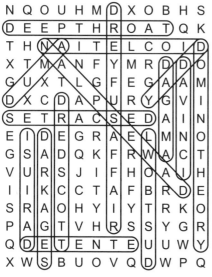

"D" IN HISTORY
(page 166)

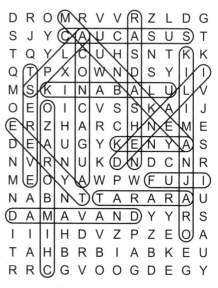

MOUNTAINS
(page 167)

SYMBOLS ON A KEYBOARD
(page 168)

PARTS OF A CAMERA
(page 169)

CARNIVORES
(page 170)

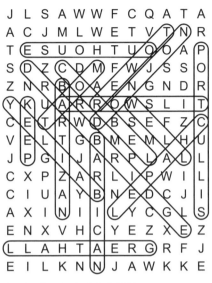

PARTS OF A CASTLE
(page 171)

MOONS OF JUPITER
(page 172)

CHAIRS AND SEATS
(page 173)

SOLUTIONS

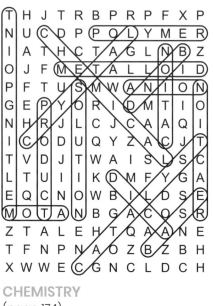

CHEMISTRY
(page 174)

CHESS
(page 175)

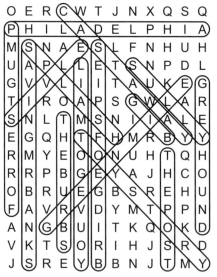

TOM HANKS MOVIES
(page 176)

CUTTING TOOLS
(page 177)

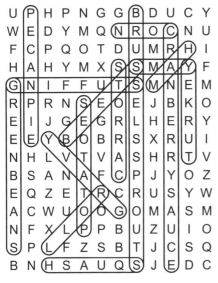

THANKSGIVING
(page 178)

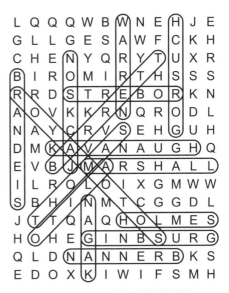

SUPREME COURT JUSTICES
(page 179)

MARTIAL ARTS
(page 180)

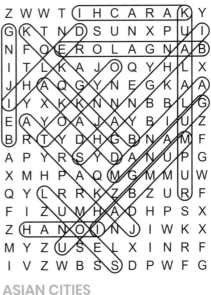

ASIAN CITIES
(page 181)

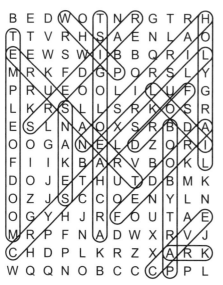

INDIANA JONES
(page 182)

ARETHA FRANKLIN SONGS
(page 183)

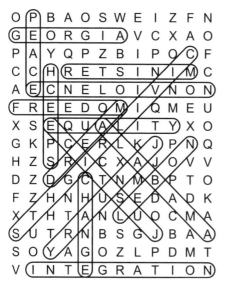

MLK JR.
(page 184)

TEAS
(page 185)

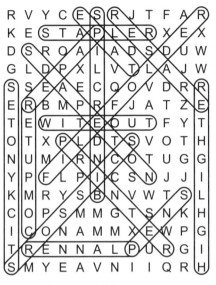

OFFICE SUPPLIES
(page 186)

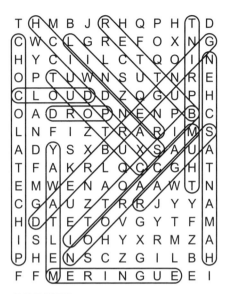

COOKIES
(page 187)

NINJAS
(page 188)

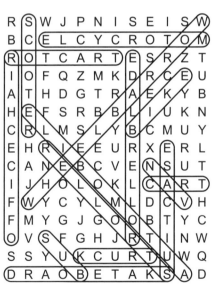

THINGS WITH WHEELS
(page 189)

ICE SKATING
(page 190)

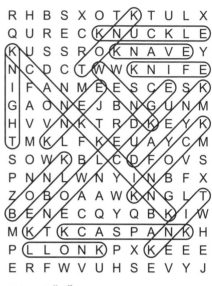

SILENT "K"
(page 191)

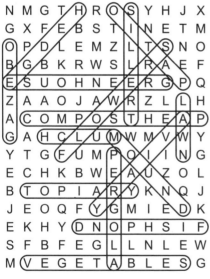

IN THE GARDEN
(page 192)

**THINGS THAT CAN
TURN OFF AND ON**
(page 193)

KITCHEN TOOLS
(page 194)

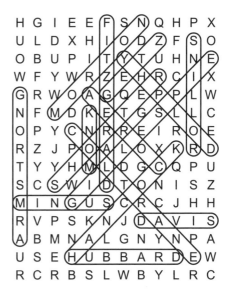

JAZZ MUSICIANS
(page 195)

FISHING
(page 196)

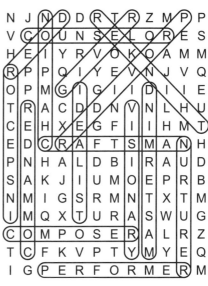

**MYERS–BRIGGS
PERSONALITY TYPES**
(page 197)

THREE-SYLLABLE WORDS
(page 198)

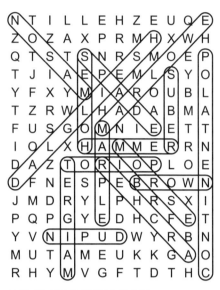

FAMOUS DETECTIVES
(page 199)

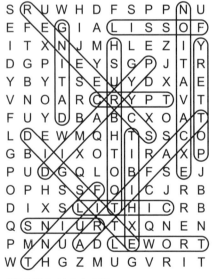

ARCHAEOLOGY
(page 200)

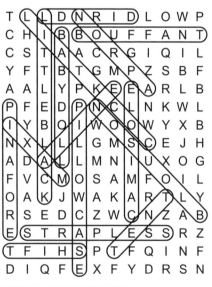

TYPES OF DRESSES
(page 201)

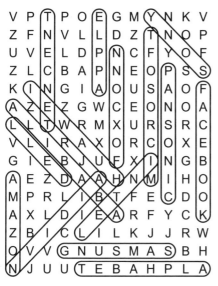

BIG TECH
(page 202)

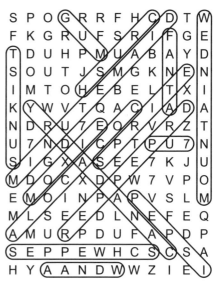

SOFT DRINKS
(page 203)

U2
(page 204)

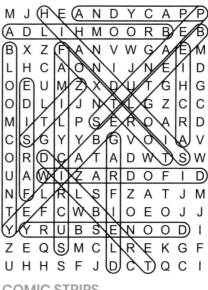

COMIC STRIPS
(page 205)

SOLUTIONS

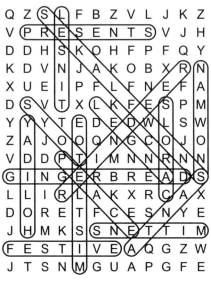

CHRISTMAS
(page 206)

CAT BREEDS
(page 207)

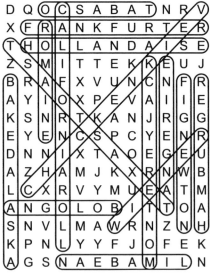

FOODS NAMED AFTER PLACES
(page 208)

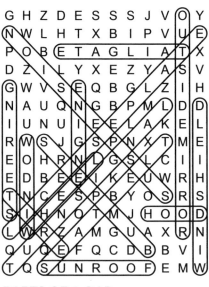

PARTS OF A CAR
(page 209)

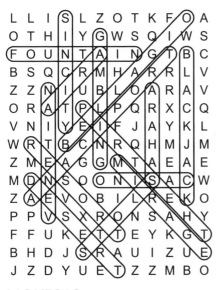

LAS VEGAS
(page 210)

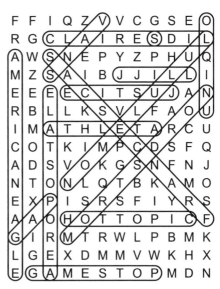

SHOPPING MALL STORES
(page 211)

HEAVY METAL BANDS
(page 212)

LAB EQUIPMENT
(page 213)

SOLUTIONS

THINGS IN THE BASEMENT
(page 214)

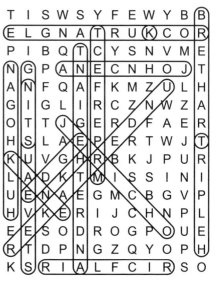

FAMOUS WRESTLERS
(page 215)

THE 1970s
(page 216)

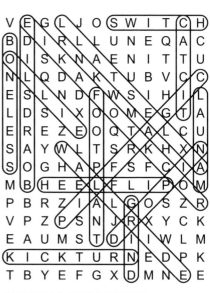

SKATEBOARD TRICKS
(page 217)

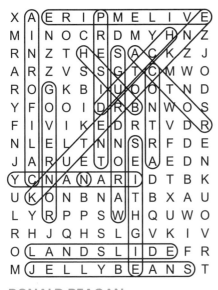

RONALD REAGAN
(page 218)

JAPAN
(page 219)

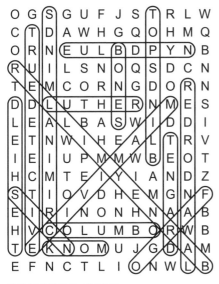

POLICE DRAMAS
(page 220)

STEVIE WONDER SONGS
(page 221)

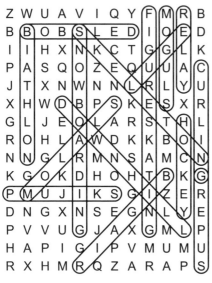

WINTER OLYMPICS
(page 222)

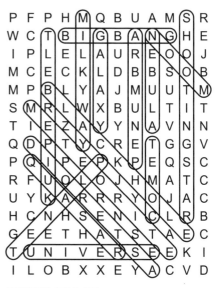

OUTER SPACE
(page 223)

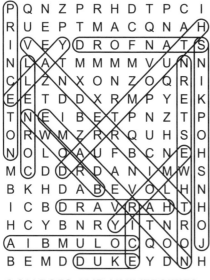

COLLEGES AND UNIVERSITIES
(page 224)

"F" WORDS
(page 225)

SURVIVOR
(page 226)

THINGS WITH SCREENS
(page 227)

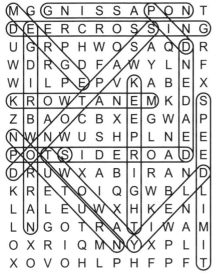

STREET SIGNS
(page 228)

"XX" WORDS AND PHRASES
(page 229)

SOLUTIONS

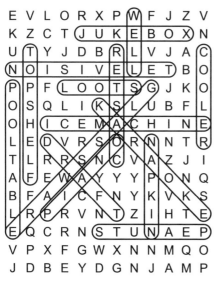

THINGS IN A BAR
(page 230)

WORLD CUP HOSTS
(page 231)

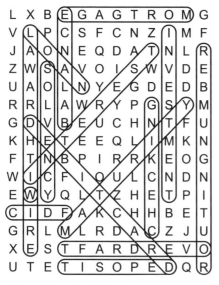

FINANCIAL TERMS
(page 232)

BLUE CHIP COMPANIES
(page 233)

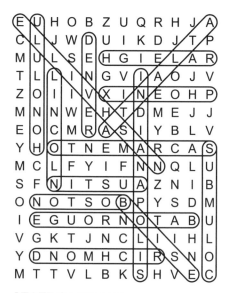

STATE CAPITALS
(page 234)

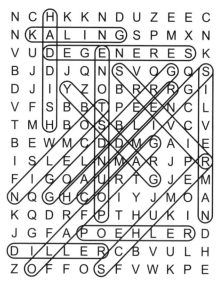

FEMALE STAND-UP COMEDIANS
(page 235)

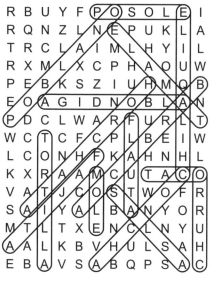

MEXICAN FOOD
(page 236)

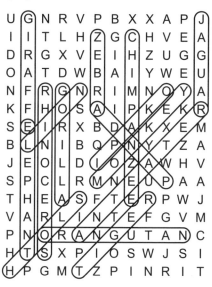

ZOO ANIMALS
(page 237)

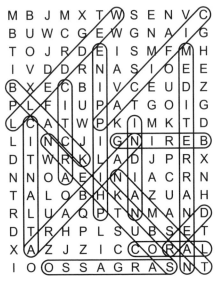

SEAS AND OCEANS
(page 238)

**AMERICAN REVOLUTIONARY
WAR GENERALS**
(page 239)

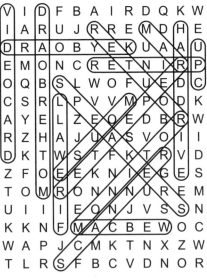

PARTS OF A COMPUTER
(page 240)

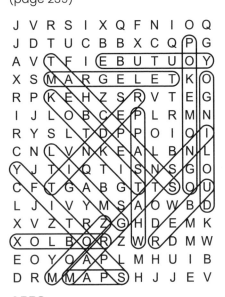

APPS
(page 241)

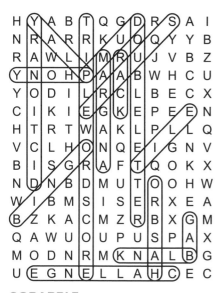

SCRABBLE
(page 242)

MEDICAL BREAKTHROUGHS
(page 243)

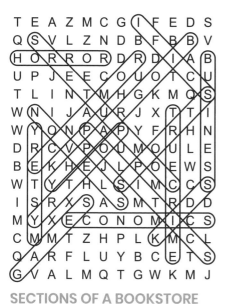

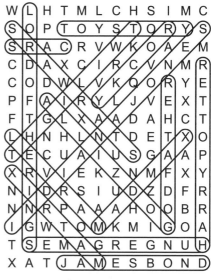

SECTIONS OF A BOOKSTORE
(page 244)

MOVIE FRANCHISE
(page 245)

SOLUTIONS

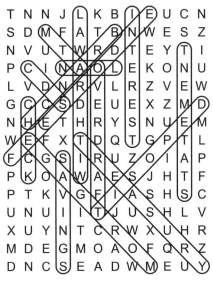

BANKING
(page 246)

TYPES OF BOATS
(page 247)

**NAMES FOR
MAC OS RELEASES**
(page 248)

TYPES OF RESTAURANTS
(page 249)

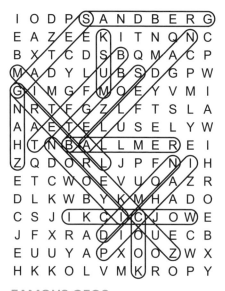

FAMOUS CEOS
(page 250)

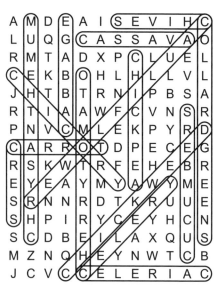

VEGETABLES BEGINNING WITH A "C"
(page 251)

TRIVIAL PURSUIT
(page 252)

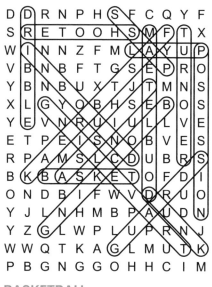

BASKETBALL
(page 253)

OPERAS
(page 254)

FEMALE POETS
(page 255)

About Cider Mill Press Book Publishers

Good ideas ripen with time. From seed to harvest, Cider Mill Press brings fine reading, information, and entertainment together between the covers of its creatively crafted books. Our Cider Mill bears fruit twice a year, publishing a new crop of titles each spring and fall.

"Where Good Books Are Ready for Press"
501 Nelson Place
Nashville, Tennessee 37214

cidermillpress.com